Leituras Críticas Importam
Alvaro de Azevedo Gonzaga (Coord.)

MARIANA **SERRANO**
AMANDA **CLARO**

Vidas LGBTQIA+

Reflexões para não sermos idiotas

CB065291

Leituras Críticas Importam
Alvaro de Azevedo Gonzaga (Coord.)

MARIANA **SERRANO**
AMANDA **CLARO**

Vidas LGBTQIA+

Reflexões para não sermos idiotas

©2021, Mariana Serrano e Amanda Claro

Todos os direitos reservados e protegidos pela Lei nº 9.610/1998. Nenhuma parte deste livro, sem autorização prévia, poderá ser reproduzida ou transmitida sejam quais forem os meios empregados: eletrônicos, mecânicos, fotográficos, gravação ou quaisquer outros.

Publisher – Editorial: Luciana Félix
Publisher – Comercial: Patrícia Melo
Copidesque e preparação de texto: Pamela Andrade
Revisão: Equipe Matrioska Editora
Projeto gráfico e editoração: Marcelo Correia da Silva
Ilustrações e capa: Rafaela Fiorini e Lídia Ganhito

Matrioska Editora
Atendimento e venda direta ao leitor:
www.matrioskaeditora.com.br
contato@matrioskaeditora.com.br
facebook.com/matrioskaeditora
instagram.com/matrioskaeditora

Dados Internacionais de Catalogação na Publicação (CIP)
(Câmara Brasileira do Livro, SP, Brasil)

Serrano, Mariana
 Vidas LGBTQIA+ : Reflexões para não sermos idiotas / Mariana Serrano, Amanda Claro. -- São Paulo : Matrioska Editora, 2021. -- (Leituras críticas importam ; 1 / coordenação Alvaro de Azevedo Gonzaga)

 ISBN 978-65-86985-21-4

 1. Diversidade 2. Identidade de gênero 3. LGBTQIA+ - Siglas 4. Sexualidade I. Claro, Amanda. II. Gonzaga, Alvaro de Azevedo. III. Título IV. Série.

21-69260   CDD-305.42

Índices para catálogo sistemático:

1. Identidade de gênero : Sociologia   305.42

Maria Alice Ferreira - Bibliotecária - CRB-8/7964

Impresso no Brasil
2021

Agradecimentos

Este livro não teria acontecido se o Professor Alvaro não tivesse acreditado no nosso potencial – por vezes, mais do que nós mesmas. A criatividade, os conselhos e o entusiasmo transbordaram a sua personalidade e nos contagiaram durante todo o processo. Obrigada, Alvaro.

À querida Blinc, obrigada por aceitar o desafio de ter sido nossa consultora. Sua voz esteve conosco em cada palavra que escrevemos.

Por fim, obrigada a Igor Leonardo Oliveira de Sousa e a Giovanna Pinhanelli Faria de Paula por todo apoio.

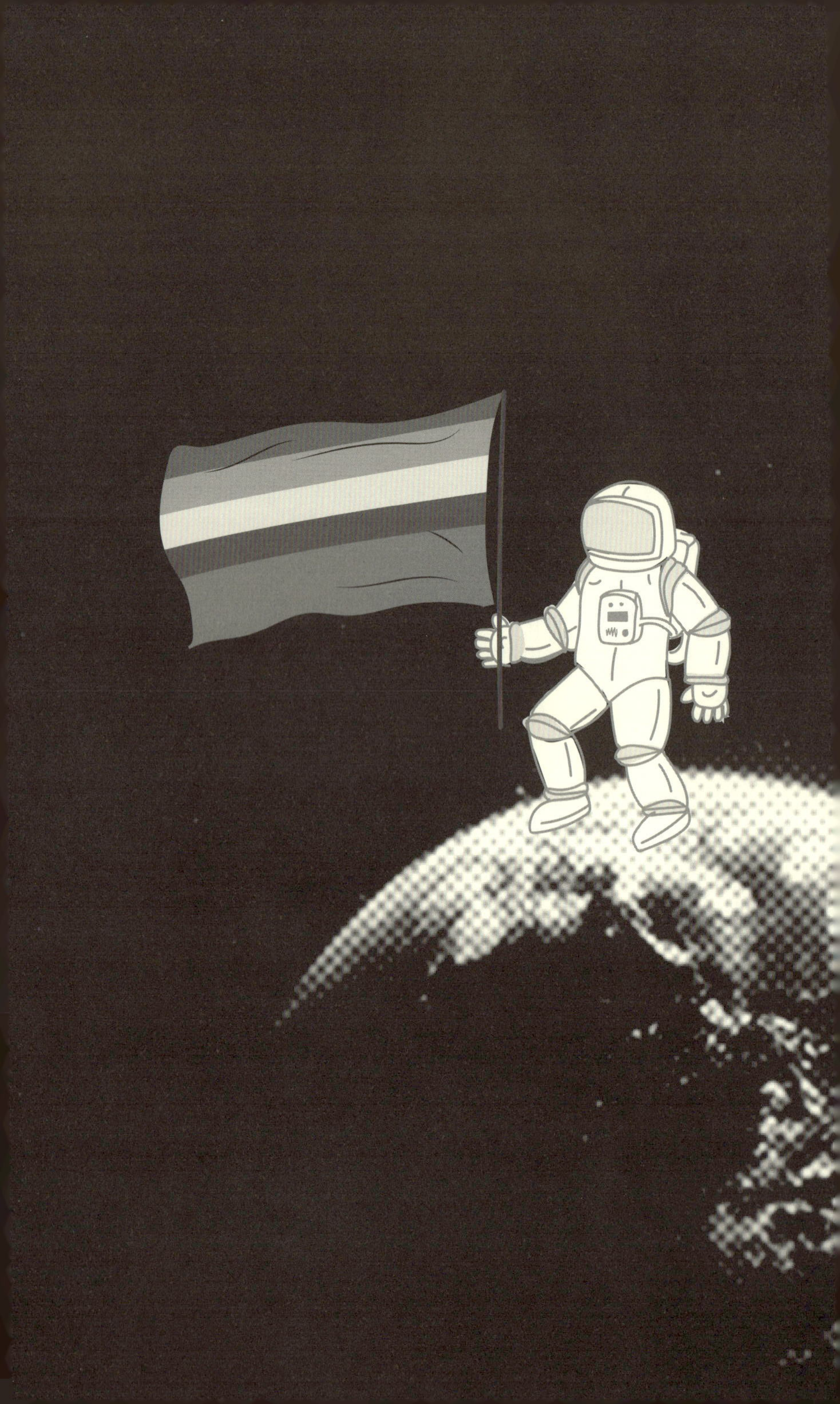

Apresentação da Série

Crítica Ancestral

A série *Leituras Críticas Importam* nasce ambiciosa e orgulhosa, ao mesmo tempo. A ambição perpassa a perspectiva de nossas autoras e autores, que assumiram a tarefa de contribuir no debate público brasileiro com temas de fôlego, enquanto o orgulho vem da unificação do novo com a ancestralidade que acompanha cada linha depositada nestas páginas.

As diversas obras que compõem este projeto foram pensadas para que possamos compreender como as ancestralidades construíram e fortificaram um novo pano de fundo que defendemos. O objetivo aqui, seja explícito ou não, é criar uma série em que o criticismo filosófico fosse capaz de alçar novos voos, assumir outras cores, raças, gêneros, identidades e formas que não apenas as falas tradicionais da filosofia eurocêntrica.

Leituras Críticas Importam consiste na dimensão de que a luta por questões estruturais, fundantes, elementares são necessárias e constantes. A série aponta para o direcionamento de que a ancestralidade é mais que uma definição: é um compromisso com as gerações anteriores e com uma tradição que jamais pode ser apagada. Nos textos que conformam essa obra ambiciosa, as ancestralidades não podem ser vistas apenas como uma forma de expressar e legitimar dimensões singulares e simples, mas sim, de compreendermos as questões convergentes e divergentes nessas trajetórias, tão necessárias para uma construção democrática, plural e crítica.

A convergência está no núcleo de nossos livros, que buscam reconhecer a existência de uma estrutura construída a partir de racismos contra indígenas, negros, povos e comunidades tradicionais, de discriminações contra as pessoas em situação de rua, pessoas com deficiência, pessoas LGBTQIA+, imigrantes e refugiadas. Está no reconhecimento das formas pelas quais o patriarcalismo é tensionado pelos feminismos; ou na constatação dos privilégios daqueles beneficiados por essa construção social em todas as instâncias dessa sociedade, inclusive no ambiente de trabalho. Na divergência, a necessária compreensão das multifaces que constroem uma dimensão imagética encantadora, brilhante, genial, rica e em caminhos abertos à crítica.

É na ancestralidade, não eurocêntrica, de aprendermos com aqueles que nos antecederam para decolonizarmos os corpos que foram sistematicamente excluídos, que podemos tensionar e criticar uma sociedade que se declara pró-democrática ao mesmo tempo em que, ao se omitir de maneira contumaz das "Leituras Críticas", é verdadeiramente demagógica. Uma sociedade que precisa ser antirracista, antipreconceituosa e, entre tantas coisas, comprometida com a superação de privilégios.

Cada palavra selecionada nos volumes foi escrita por mãos plurais que se desacorrentaram das dimensões individuais, sem abandonar suas individualidades e subjetividades e, com isso, a série é um convite aos leitores para que tragam suas críticas e reflexões, visando o constante aprimoramento para um horizonte melhor no amanhã.

Alvaro de Azevedo Gonzaga
Em coconstrução com as autoras e os autores da série
Leituras Críticas Importam.

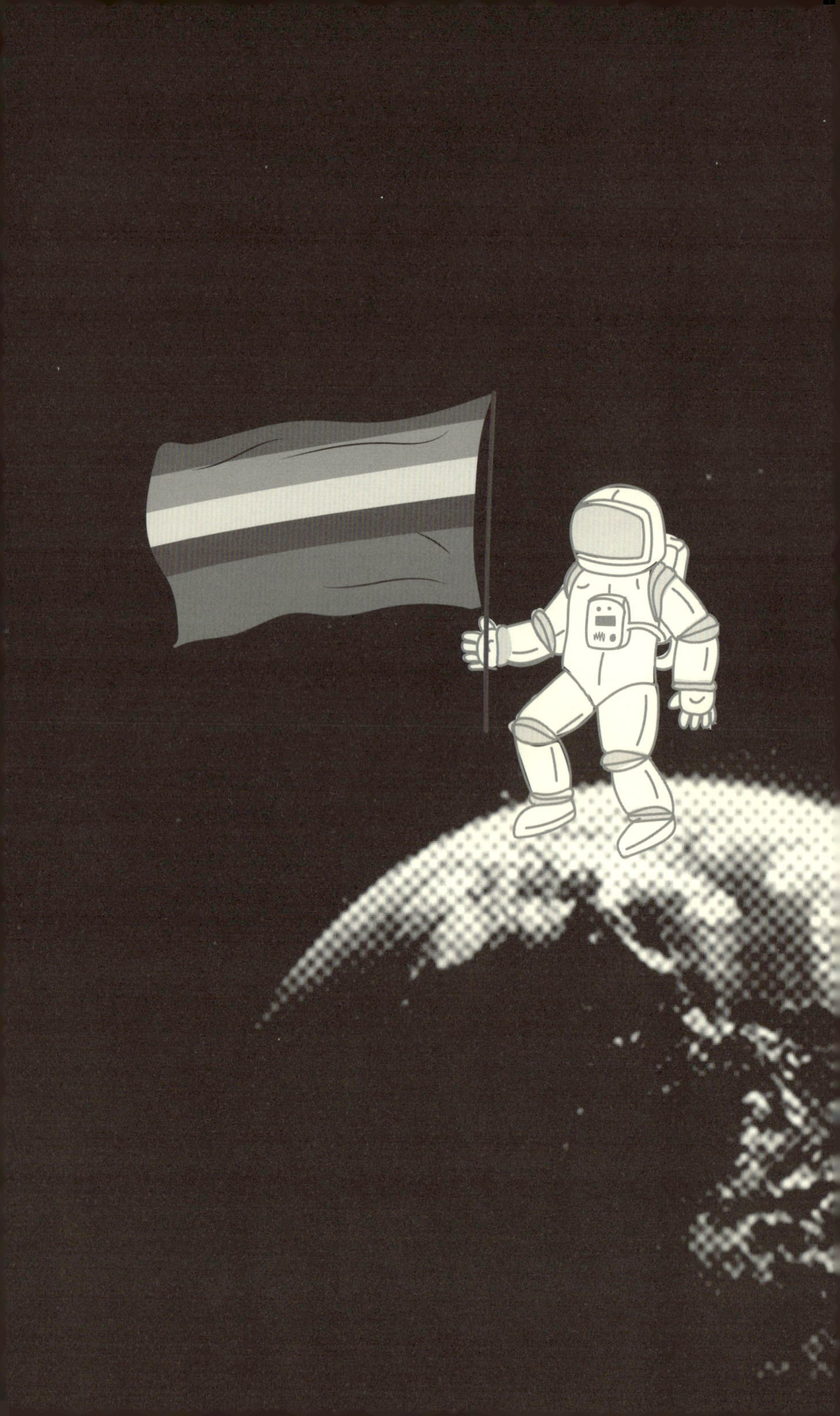

Prefácio

O livro de Mariana Serrano e Amanda Claro, sobre *Vidas LGBTQIA+*, tem o grande mérito de, já no subtítulo e no sumário, nos conclamar a respeitar os direitos humanos por intermédio de maravilhosamente *ácido bom humor (e a rirmos da desgraça que assola nosso mundo)*, sugerindo um pouco de estudo e reflexões para *não sermos idiotas*. Já este subtítulo mostra a leveza do livro, ao trazer de forma leve e descontraída um tema importante para os direitos humanos das minorias sexuais e de gênero (LGBTQIA+), cuja desconsideração causa, no mínimo, irritação e/ou incômodo e, em muitos casos, angústia e sofrimento. Tentarei, neste prefácio, seguir no mesmo estilo, com as limitações do meu jeito *levemente formal* (que, de forma assustadora para mim, é descrito sem o termo "levemente" por muitas pessoas).

Por um lado, a internet e as redes sociais tiveram um efeito *muito positivo* para minorias e grupos vulneráveis, como se constata pelo livro *Longe da Árvore. Pais, filhos e a busca da identidade*, de Andrew Solomon. Nesta obra, o autor analisa diversas minorias vulnerabilizadas por preconceitos sociais e aponta como as redes sociais nos ajudaram a encontrar *redes de apoio e solidariedade*, por permitirem contato com pessoas com características similares às nossas, que sofrem opressões e angústias parecidas e podem, assim, ser um bom *ouvido amigo*. Isso, realmente, é algo que ajuda *muito*, especialmente adolescentes e jovens (para que não sofram o problema da *exclusão digital*): lembro-me bem da angústia de, como jovem gay, *morando na cosmopolita cidade de São Paulo*, mesmo adulto (a partir do ano 2000), *eu não fazia a menor ideia* de onde procurar *bares gays* (e LGBTQIA+ em geral) onde pudesse conhecer outros homens gays visando relações afetivas, amizades etc. Para as pessoas mais novas, vale destacar que foi no início dos anos 2000 que a internet *começou a se popularizar*, saindo da lentíssima *internet discada*, numa época em que ainda não havia nem perspectiva (para o grande público) de internet via aparelhos celulares (que, quando surgiu, era cara, no modelo de celulares pré-pagos, já denunciando de vez minha idade!). Imagine-se como era antes disso, só com algumas *poucas* revistas nos dando algumas *pistas* de onde poderíamos encontrar pessoas *iguais* a nós (ou, melhor dizendo, com características equivalentes e que pudessem *nos entender*, ao contrário da sociedade em geral, por força do preconceito estrutural, institucional, sistemático e histórico que nos assola).

Contudo, as redes sociais trouxeram também *o outro lado da moeda*, da altamente positiva democratização mundial dos discursos, pois acabou permitindo a difusão de discursos de ódio e de incitações ao preconceito e à discriminação em geral.

Vivemos tempos difíceis para quem leva os direitos humanos a sério (e para quem leva *qualquer coisa* a sério, ainda mais o Direito como um todo). De forma *talvez* um pouco grosseira, Umberto Eco (*in memorian*) disse que *as redes sociais deram voz aos imbecis*, para problematizar o fato de que, se antes conversas pautadas nos mais puros *achismos* ficavam isoladas em *mesas de bar*, agora as *mesas de bar* ganharam o mundo, com a internet e o fenômeno das redes sociais. Umberto Eco se incomodou com o fato de as redes sociais terem dado a um cidadão comum *o mesmo direito de fala que um ganhador do Prêmio Nobel*.[1] Eu sempre digo que não vejo problemas em uma pessoa que nunca estudou uma linha sobre determinado tema queira debatê-lo com quem quer que seja, *mesmo com uma pessoa que ganhou um Prêmio Nobel*, afinal, seria elitista e mesmo higienista negar o direito ao debate a qualquer

---

[1] *V.g.*: <https://site.oatibaiense.com.br/2019/07/eco-redes-sociais-deram-voz-aos-imbecis/>. Acesso: 08/06/2021.

pessoa. O que vejo como o grande problema são as pessoas quererem que o seu *achismo iletrado, que não leu nenhuma página sobre coisa alguma*, tenha o *mesmo peso* que a opinião de uma pessoa ganhadora de um Prêmio Nobel. Não à toa, um *meme* consideravelmente difundido aponta que o *inferno do(a) estudioso(a)* é ter que discutir o tema do seu *Doutorado* com uma pessoa que está querendo dialogar "de igual para igual" unicamente *a partir de seu facebook* (imagine as redes sociais em geral). Aí está o *ovo da serpente* e o grande problema do mundo contemporâneo, ou talvez o grande problema da humanidade desde sempre, agora potencializado à *milésima potência (ou mais)* e/ou, pelo menos, publicizado pela internet em geral e pelas redes sociais em especial: as pessoas quererem debater sobre *tudo,* pautadas no seu mais puro e simples *achismo* (até aí, tudo bem), *querendo que sua opinião sem estudos tenha o mesmo peso* da opinião de quem estudou profundamente o tema...

Para piorar, o mundo contemporâneo vive há algum tempo uma *onda de direita reacionária* (e não meramente "conservadora") ganhando eleições diversas em variados países, o que é problemático porque tem feito diversas pessoas se acharem "legitimadas" a bradar seus preconceitos pautados em sensos comuns e nos mais puros e simples *achismos*, a pretexto de "liberdade de expressão". Realmente, embora não permita a difusão de fake news, discursos de ódio e injúrias em geral (sendo *inacreditável* que muitas pessoas não saibam disso e outras *não queiram* se dar conta disso), a liberdade de expressão permite que pessoas divulguem ideias equivocadas e sejam até grosseiras e deselegantes, embora isso *não signifique* que se permita a difusão de fatos sabidamente inverídicos sobre outras pessoas ou a difusão *sem provas* de acusações graves a outras pessoas (é *inacreditável* que cause alguma polêmica). Ocorre que não é porque você pode, *até legalmente*, fazer algo, que você *deva* fazer este algo, e difundir ideias *simplórias*, pautadas em *senso comum*, ao menos estando *ciente* de que não correspondem com *estudos sérios* sobre o tema (quando não gera ilicitude por fake news difamatórias), no mínimo correspondem a atitudes que violam a ética e que não deveriam ser praticadas. Mas, esse é um parêntese que não cabe continuar desenvolvendo aqui.

Voltando a dialogar com o *título* deste belo livro, pode-se dizer, parafraseando Nelson Rodrigues, que *a ignorância perdeu a modéstia, a humildade de vários milênios*, porque são *as pessoas ignorantes as que mais berram*, donde se antes o *silêncio era dos e das ignorantes, agora são os e as melhores que emudecem*[2]. E isso, parafraseando outra maximalista, temor de que *as pessoas ignorantes dominarão o mundo, não por merecimento, mas porque são muitas*. Um imã de geladeira reverbera esse lamentável *ethos* que nos assola, ao dizer que *difícil não é matar um leão por dia, mas desviar das antas* (!). É absolutamente *inacreditável* como as pessoas querem continuar aferradas a suas crenças, mesmo quando *se prova* a elas que as mesmas estão *erradas*. Isso porque, embora nas chamadas *ciências humanas*, como as *ciências sociais*, pessoas *racionais* e de *boa-fé* possam legitimamente discordar sobre qual é a *correta interpretação* de determinado fato, tenho dito recentemente que os requisitos de *racionalidade* (que não se confunde com "racionalização") e de *boa-fé* já afastam uma série de *terraplanismos* argumentativos e *negacionismos* em geral.

---

[2] *V.g.*: <http://blogs.jornaldaparaiba.com.br/silvioosias/2020/12/21/os-idiotas-perderam-a-modestia-o-imenso-nelson-rodrigues-morreu-ha-40-anos/>. Acesso: 08/06/2021.

Em um mundo onde, inacreditavelmente, a resistência a vacinas sempre existiu e voltou a ganhar força, *mesmo em uma pandemia com mortes de níveis genocidas* (donde merece o qualificativo de *"genocida"* quem promove políticas negacionistas que obviamente geram muito mais mortes do que se a política das vacinas tivesse sido adotada desde o início), a situação piora *demais* no tema dos direitos humanos de minorias e grupos vulneráveis, *e isso das direitas às esquerdas* (partes delas, evidentemente).³ Somos acusadas e acusados de "mimimi" (SIC), por pura e simplesmente não aceitarmos que condutas tidas no passado como "brincadeiras inocentes" (SIC) continuem sendo praticadas no presente.⁴

Daí a ideia deste belo livro: numa linguagem agradável, tentar explicar conceitos aparentemente complexos

---

³ As *direitas*, em geral, acham que minorias e grupos vulneráveis, objeto de estigmas sociais, não seriam merecedores da proteção estatal, por suposta "indignidade" de seus modos de ser e viver. Trata-se de puro e simples *higienismo reacionário* no que tange a grupos vulneráveis que não causam prejuízos a ninguém. Já parte das *esquerdas progressistas* chamam demandas de minorias e grupos vulneráveis de "identitárias" (sic), como supostamente prejudiciais à "grande luta socialista", supostamente "dividindo o movimento social" de luta por direitos de trabalhadores. Aprendi com a amada amiga Djamila Ribeiro, feminista negra, que tais pessoas é que são *identitárias,* pois estão preocupadas unicamente com as discriminações que sofre o *trabalhador (homem) branco, cisgênero, heterossexual, sem deficiência, nacional* etc, ou seja, a pessoa que é discriminada por sua condição de proletária, mas sem se preocupar com pessoas, mesmo trabalhadoras, que são discriminadas por outras características. É fato notório que mulheres brancas têm salários inferiores a homens brancos, sendo que homens negros recebem menos que mulheres brancas e mulheres negras recebem menos que todos os demais grupos. Só isso mostra como a *Interseccionalidade/multidimensionalidade das opressões* precisa ser considerada sempre, sendo insensível, arrogante e/ou ignorante fechar-se os olhos a tal realidade.

⁴ Volta e meia ainda ouvimos a *idiotice* de que "o mundo está ficando chato" (sic), que "ninguém mais aceita brincadeira, tudo virou bullying" (sic) e outras *teratologias* (monstruosidades) tais. Não à toa, o Professor Adilson Moreira, no livro *Racismo Recreativo*, denuncia como o *humor* é usado como uma forma de manter grupos sociais historicamente vulnerabilizados pelos preconceitos sociais em *lugares subalternos* da sociedade, apontando como o humor é usado como uma forma de narrativa cultural que isto gera, seja esta ou não a intenção de quem pratica o *humor discriminatório*. Complemente-se: *liberdade de expressão não é liberdade de opressão*, como se falou em diversas *Marchas contra a Homotransfobia* do Movimento LGBTQIA+, donde,

para o senso comum da sociedade, visando uma *educação em direitos humanos*. Um intuito louvável que tem tudo para dar certo, se a obra for bem difundida – algo difícil num país sem hábito de leitura, mas se o livro chegar a *formadoras e formadores de opinião*, isso já pode, oxalá, ajudar na educação dos direitos humanos da diversidade sexual e de gênero.

Tentarei dialogar com algumas ideias do livro, citando-as, e trazendo desenvolvimentos próprios. Haverá pequenos *spoilers*, mas prometo que a riqueza da obra valerá sua leitura a despeito disso!

O *primeiro tópico* do livro já faz uma ótima relação: um *pequeno passo* para a pessoa aliada, um *grande salto* para a humanidade. Chama-se a atenção para o curtíssimo lapso de poucos dias entre a ida do ser humano à Lua com a *Revolta de Stonewall*, de 1969, grande marco da história contemporânea dos direitos da população LGBTQIA+, que deu origem às atuais *Paradas do Orgulho LGBTQIA+*.[5] E já fazem reflexão importante sobre *igualdade* e *equidade*, esta como uma forma de concretizar aquela: não desta forma, mas numa lógica equivalente a famosa máxima de Boaventura de Souza Santos: *temos o direito à igualdade quando a diferença nos inferioriza, temos o direito a*

---

dialogando com a obra do Prof. Adilson Moreira, *humor que ofende e causa sofrimento a suas vítimas* não pode ser tido como juridicamente válido.

[5] Para bela obra recente sobre a história da diversidade sexual e de gênero no Brasil: GREEN, James N. QUINALHA, Renan. CAETANO, Marcio. FERNANDES, Marisa (org.). *História do Movimento LGBT no Brasil*, São Paulo: Ed. Alameda, 2018. Para obras clássicas: FACCHINI, Regina. SIMÕES, Julio. *Na trilha do arco-íris. Do Movimento Homossexual ao LGBT*, São Paulo: Ed. Fundação Perseu Abramo, 2009; TREVISAN, João Silvério. *Devassos no Paraíso*. A homossexualidade no Brasil, da colônia à atualidade, Rio de Janeiro: Ed. Objetiva, 2018; GREEN, James N. *Além do Carnaval*. A homossexualidade masculina no Brasil do século XX, 2. ed., São Paulo: Ed. UNESP, 2019; BENTO, Berenice. *A Reinvenção do Corpo*. Sexualidade e gênero na experiência transexual, Natal: EDUFRN, 2014. Como se vê, são obras que focaram em *identidades específicas*, com as lacunas sendo preenchidas por obras posteriores com o passar do tempo, embora outras ainda permaneçam.

*diferença quando a desigualdade nos descaracteriza.*⁶ No Direito das Minorias e Grupos Vulneráveis, baseado no critério da autoidentificação, a pessoa tem o direito de *se assimilar à maioria*, se esse for o seu desejo (se a maioria a aceitará, é uma outra questão, que perpassa a questão da luta pelos direitos humanos), e tem o direito de ser *respeitada em sua individualidade, em sua diferença*, se essa for a sua vontade. Além de ter sua diferença considerada em políticas públicas pautadas por *ações afirmativas*, destinadas a *tratar desigualmente grupos sociais em históricas situações desiguais* para o fim de superação desse histórico de discriminação (quem não concorda e acha isso "inconstitucional"/sic, que *vá estudar* o que o Supremo Tribunal Federal decidiu sobre a constitucionalidade das cotas raciais e sociais nas universidades e concursos públicos – ADPF 186 e ADC 41). *Somos tão humanos como a maioria hétero-cis*, permitindo-me paráfrase de trecho posterior desta bela obra, mas precisamos superar as expectativas (heterocisnormativas) criadas sobre nós para conseguirmos *viver plenamente nossas vidas*, em nossa diversidade sexual não-heterossexual e de gênero não-cisgênera/transgênera. Reconhecendo nossos *privilégios* sobre outros grupos também vulneráveis/vulnerabilizados (o que as autoras bem lembram é que ter tais privilégios não significa uma vida "fácil" ou sem preconceitos), para assim conseguirmos nos unir, em *lutas interseccionais*, em prol do fim de todas as opressões.

Esse é o tom que marca o início do livro, com seus belos desenvolvimentos próprios, embora sejam desenvolvimentos também *dramáticos*, ao tratarem da questão de nosso desejo por uma *longa vida*, muitas vezes interrompida

---

⁶ SANTOS, Boaventura de Souza. *A Gramática do Tempo*. Para uma Nova Cultura Política, 2. ed., São Paulo: Cortez Ed., 2006, p. 313.

por *traumáticas mortes* ocasionadas por crimes de ódio homotransfóbicos (LGBTQIA+fóbicos).[7] Sem falar em outro tema que é, muitas vezes, não percebido por ativistas LGBTQIA+: *reformas* trabalhistas e previdenciárias em geral tendem a prejudicar a população LGBTQIA+ e outros grupos vulneráveis (como pessoas negras, com deficiência etc), porque somos relegadas e relegados, normalmente, a lugares *subalternos* na sociedade. Em São Paulo, por exemplo, ficou famoso que *empresas de telemarketing* contratassem pessoas LGBTQIA+, mesmo pessoas trans, tão discriminadas no mercado de trabalho em geral, pela natureza da atividade não envolver *contato visual* o que teoricamente evitaria que essas empresas "perdessem clientes" por homotransfobia destes(as): são empresas *terceirizadas*, que pagam pouco (normalmente, um salário-mínimo), em condições de trabalho precárias (a *sociologia*

---

[7] Talvez eu não devesse usar o termo *homotransfobia* aqui, porque a coautora Mariana Serrano é uma amada amiga há muitos anos e lembro-me dela, em grupo de *whatsapp*, ter dito que gostaria de superar o termo *homotransfobia*, enquanto mulher bissexual. Sempre digo que não se deve criticar o Supremo Tribunal Federal por adotar este termo no histórico julgamento que reconheceu a homotransfobia como crime de racismo, sem "legislar" nem fazer "analogia", mas enquanto crime "por raça", no sentido político-social de raça e racismo, apto a abarcar a homotransfobia na interpretação *literal* dos crimes raciais ("por raça") (cf. STF, ADO 26 e MI 4733, j. 13.06.2019, item 3 da Tese aprovada). Isso porque *eu* fui extremamente honrado com *oito* citações no voto do Ministro Celso de Mello, inclusive quanto ao uso deste termo, também mencionado em outros votos. Sempre explico que, *em uma ação perante a Suprema Corte do país*, eu não tinha outra alternativa a não ser usar os termos *hegemônicos, mais conhecidos*. Daí as petições iniciais falarem em "homofobia" e "transfobia", em dado momento eu tendo adotado o neologismo "homotransfobia" em outras petições, que não fui eu quem criei, mas certamente ajudei a difundir. Nesse sentido, na Academia, *transfobia* é compreendida como discriminação por *identidade de gênero* e *homofobia* é compreendida enquanto *discriminação por orientação sexual*, donde a *bifobia* nele engloba por *interpretação extensiva* (não pela bifobia ser "espécie de homofobia", pelo amor da Deusa, não, mas pelo jargão jurídico da *interpretação extensiva*, enquanto ampliação do sentido literal das palavras para se abarcar a ideia a elas subjacentes, por assim dizer – a ideia da discriminação *por orientação sexual*, neste caso). Por isso, o sentido jurídico do termo *homotransfobia* abarca toda a LGBTQIA+fobia, sendo que o acrônimo "LGBTQIA+" foi expressamente citado no item 3 da Tese aprovada pelo STF no citado julgamento, precisamente para isto denotar. Seja como for, assumo os ônus desta escolha terminológica, que o STF ratificou.

do trabalho prova que trabalhos terceirizados normalmente são os com maiores índices de acidentes do trabalho etc).

E tudo isso sem falar na discriminação por orientação sexual e identidade de gênero no mercado de trabalho em geral, que, muito bem lembrada pelas autoras, oprimem as pessoas LGBTQIA+, levando-as a não assumirem sua orientação sexual ou identidade de gênero: aliás, o CFP – Conselho Federal de Psicologia peticionou no STF (na ADO 26) precisamente apontando os danos psicológicos que a homofobia e a transfobia causam à população LGBTQIA+. Já é sabido que pessoas LGBTQIA+ *assumidas* no ambiente de trabalho, *sem medo* de discriminações, *produzem mais*, donde a homotransfobia gera problemas ainda numa perspectiva *utilitarista*, para quem não tiver a *decência* de entendê-la como um *mal em si mesma* pelos danos que causa à população LGBTQIA+.

Para *aprendermos com viagens passadas*, as autoras citam e problematizam o (famoso?) *boneco do gênero*, ajudando na fixação de conceitos básicos, como um *mapa seguro para novas viagens*, os traz de forma fixa, como numa metafísica ontologia, que não é tão simples quanto parece. Até entendo que ele pode ajudar em termos de uma *introdução* ao tema, para superar *sensos comuns* certamente muito piores, mas apenas numa lógica de orientação sexual e identidade de gênero *for dummies* (para iniciantes, para ser *bonzinho* na tradução). As autoras muito bem problematizam de maneira crítica os *estereótipos de gênero* fruto das *normas de gênero*[8] oriundas da *ideologia*

---

[8] Partem, inclusive, famosa máxima de Simone de Beauvior, no livro *O Segundo Sexo*, pela qual *ninguém nasce mulher, torna-se mulher*, fruto da longa análise pela qual Beauvior, sem negar a importância da biologia na vida humana, nega que ela seja um *destino imutável* ao ser humano que a sociedade classifica como *mulher* – não obstante com o enfoque de Judith Butler (e Bruno Laqueur), pelo qual o próprio *sexo* ("biológico") é um conceito *generificado*, no sentido de que "a própria existência

de gênero heterocisnormativa e machista que assola nossa sociedade.⁹ Da mesma forma que *muitas viagens* ajudaram a formar aquele mapa básico, *novas viagens* podem ajudar a melhor especificá-lo/desenvolvê-lo. Parece-me que a ideia das autoras é evitar *novos aprisionamentos conceituais* em "caixinhas fixas", incentivando a Academia a dialogar com a realidade dos movimentos sociais e das pessoas em geral, ao invés de, metafisicamente, criar conceitos fechados e asfixiantes que acabam oprimindo quem "ousa" viver sua vida plenamente, de forma distinta deles. *Chega de falar sobre nós sem nossa participação na condução dos estudos*, para parafrasear uma crítica comum de ativistas (trans, por exemplo), a respeito de estudos sobre os grupos sociais dos quais fazem parte sem que a

---

do conceito de sexo é decorrente desse sistema de gênero", porque (parafraseando), já fruto de um *sistema de valores* que ele médicos(as), ao lado da família, já impõe àquele bebê por força das expectativas a sociedade sobre esse novo ser humano por conta de seu genital, ao nascer. Sem falar que é um sistema que ignora as pessoas *intersexo*, bem lembram as autoras.

⁹ A noção de que o que existe é uma *ideologia de gênero heteronormativa, cisnormativa e machista* foi ratificada pelo STF no julgamento da ADO 26 e do MI 4733, uma vez mais honrando-me profundamente o Min. Celso de Mello com a citação de minha doutrina sobre o tema. Obviamente, certamente não existe o *espantalho* da "ideologia de gênero" (sic), no sentido defendido por fundamentalistas religiosos(as) e pessoas reacionárias em geral, que defendem ideologicamente a tese da "opção sexual" (SIC), no sentido de que as pessoas "nasceriam" heterossexuais e cisgêneras, mas "escolheriam" uma identidade LGBTQIA+ em dado momento da vida (sempre ironizo isso, dizendo que "deve ser" por um *milagre de Santa Cher, no hit*, para citar uma piada infame do Movimento LGBTQIA+, sobre a "Igreja de Santa Cher"!). Essas pessoas usam "ideologia" em sentido pejorativo (que curiosamente é o marxista), como "algo contrário à realidade objetiva/empírica", logo, contrariamente ao "mundo real". Embora seja um conceito bem problemático nas *ciências humanas*, da *compreensão/ valoração*, onde pessoas racionais e de boa-fé podem legitimamente discordar (cf. supra), sempre digo que *quem age de forma "ideológica", no sentido de contrária à realidade objetiva*, é quem nega a existência de crianças LGBTQIA+, pois embora não tenham essa terminologia, há crianças que querem namorar de forma *lúdica* (mãos dadas, beijinhos no rosto etc) com crianças do mesmo gênero, da mesma forma que se acha natural um tal namoro *lúdico* entre crianças de gêneros opostos (crianças LGB+), bem como há crianças que se identificam com gênero distinto daquele que lhes foi atribuído ao nascer (crianças trans). Isso é *fato da vida*, donde negar isto implica em *fechar os olhos à realidade objetiva*.

condução deles seja feita também por integrantes de tais grupos sociais. Considerando que a *matriz heterossexual (e cisgênera)* oprime "tudo que nela não cabe", obviamente o *boneco de gênero*, em sua pretensão inclusiva, não pode ser utilizado/compreendido de forma fixa e essencialista de modo a servir como mecanismo de opressão a quem nele não se enquadra.

Com a compreensão da rica diversidade humana para além de *binarismos* excludentes *está tudo pronto para o lançamento*. Para tanto, as autoras cumprem a importante tarefa de *nomear fenômenos*, dando os devidos contornos a todas as *normatividades*, que visam impor "à sociedade um certo padrão de comportamento que é considerado normal, trazendo sofrimento a todas as pessoas que não se enquadram". Assim, iniciam com as noções de *heteronormatividade*, de *cisnormatividade* e de *falocentrismo* (machismo), que têm, como consequência, que "todas as pessoas que não [o são] experimentam situações de marginalização de diferentes espécies e gravidades" por não cumprirem as expectativas sociais decorrentes da exigência de *heterossexualidade e cisgeneridade compulsórias*, bem como da machista pretensão de supremacia do homem sobre a mulher (aquela que *"ousa"* exigir a *igualdade de gênero*, sem aceitar a dominação ou inferiorização das mulheres relativamente aos homens). O drama de "sair do armário" é bem exemplificado pelas autoras, que destacam o quanto pessoas LGBTQIA+ acabam se esforçando por muito tempo para "serem" heterossexuais e cisgêneras mesmo sem sê-lo de fato, para tentar *fugir de estigmas sociais*, antes de aceitarem sua identidade sexual não- -heterossexual ou sua identidade de gênero transgênera. Bem apontam que tentativas de classificação de casais do mesmo gênero com perguntas absurdas sobre "quem é o homem/a mulher" da relação configuram uma profunda homofobia ou bifobia estrutural de quem pergunta, como fica evidente no livro. Bem problematizam a noção de que a maioria poderia se impor diante de minorias, pois, como bem diz o Ministro Roberto Barroso em sede doutrinária, *não é porque você tem oito católicos e dois muçulmanos em uma sala que o primeiro grupo pode deliberar e jogar o segundo pela janela.*[10] Democracia supõe que a vontade da maioria não desrespeite *direitos básicos* das minorias, que são aqueles positivados na Constituição e nos tratados internacionais de direitos humanos, o que é a teoria mais conservadora, porque pautada no positivismo *formalista*.[11]

Sobre a *cisnormatividade* bem criticada pelas autoras, complemento com uma reflexão que sempre cito. No Direito

---

[10] BARROSO, Luís Roberto. Ano do STF: Judicialização, ativismo e legitimidade democrática. In: *Revista Consultor Jurídico*, 22/12/2018. Disponível em: <https://www.conjur.com.br/2008-dez-22/judicializacao_ativismo_legitimidade_democratica>. Acesso: 12/04/2021. No mesmo sentido: BARROSO, Luís Roberto. *Curso de Direito Constitucional Contemporâneo*, 9. ed., São Paulo: Ed. Saraiva, 2020, p. 472-473: "A maior parte dos países do mundo confere ao Judiciário e, mais particularmente à sua Suprema Corte ou Corte Constitucional, o *status* de sentinela contra o risco da *tirania das maiorias*. Há razoável consenso, nos dias atuais, de que o conceito de *democracia transcende a ideia de governo da maioria*, exigindo a incorporação de outros valores fundamentais. [...] Um desses valores fundamentais é o direito de cada indivíduo a igual respeito e consideração, isto é, a ser tratado com a mesma dignidade dos demais – o que inclui ter os seus interesses e opiniões levados em conta. A democracia, portanto, para além da dimensão procedimental de ser o governo da maioria, possui igualmente uma dimensão substantiva, que inclui igualdade, liberdade e justiça. É isso que a transforma, verdadeiramente, em um projeto coletivo de autogoverno, em que ninguém é deliberadamente deixado para trás. Mais do que o direito de participação igualitária, democracia significa que os vencidos no processo político, assim como os segmentos minoritários em geral, não estão desamparados e entregues à própria sorte. Justamente ao contrário, conservam a sua condição de membros igualmente dignos da comunidade política. Em quase todo o mundo, o guardião dessas promessas é a Suprema Corte ou o Tribunal Constitucional, por sua capacidade de ser um *fórum de princípios* – isto é, de valores constitucionais, e não de política – e de razão pública – ou seja, de argumentos que possam ser aceitos por todos os envolvidos no debate. Seus membros não dependem do processo eleitoral e suas decisões têm de fornecer argumentos normativos e racionais que a suportem". Grifos parcialmente nossos.

[11] Cita-se o positivismo formalista em contraposição a *jusnaturalismos* diversos, que visam reconhecer direitos "suprapositivos", não obstante o jusnaturalismo possa, também, ser opressor, negando direitos básicos e mesmo a humanidade a pessoas

de Famílias "clássico", há uma terminologia anacrônica (e *horrível*) que classifica o homem-marido como "cônjuge-varão" (por referência ao *genital* masculino) e à mulher-esposa como "cônjuge-*virago*" (idem). Isso remete à época do *isomorfismo*, em que se acreditava que a humanidade era formada unicamente pelo "sexo masculino", de sorte que a mulher seria um "homem invertido" – ou seja, a "virago" como a versão "invertida" do "varão" (sic). Tudo isso justifica a lição das autoras, no sentido de que a "regra" pela qual quem nasce com pênis seria um "homem" e quem nasce com vagina seria uma "mulher" é uma regra que "é social e não está inscrita em lugar algum da natureza". Afinal, ninguém nunca duvidou que as pessoas que nascem com útero e vagina são aquelas que podem engravidar, "dar a luz" (parir) filhas e filhos, *mas mesmo assim, por séculos, a humanidade acreditou que o "sexo biológico" era único, "masculino", e que a mulher seria um "homem invertido"*. Eis a razão de Simone de Beauvoir, quase no fim do primeiro volume do seu famoso *O Segundo Sexo*, afirmar que por mais que não desconsidere a importância da biologia na vida das pessoas, *o que se nega é que ela traga um destino imutável a este ser castrado que se convencionou chamar de mulher*. Parece-me muito evidente que Beauvoir está dialogando com o *paradigma do isomorfismo*, posteriormente substituído pela crença atual do dimorfismo, pelo qual a humanidade é dividida em "dois sexos biológicos".

---

que contrariam o que, de forma *totalitária*, o grupo hegemônico considera "inerente à *natureza* humana". Daí ser correta a noção de que a teoria dos *direitos humanos* é uma *evolução* daquela dos *direitos naturais*, porque aqueles são devidos a qualquer pessoa humana, por sua mera humanidade, mesmo que supostamente contrariem aquilo que seja-lá-quem-for considerar como supostamente "contrário" a esta pretensa (e totalitária) "natureza humana" (sic).

É por isso que Judith Butler, em seu clássico *Problemas de Gênero*, afirma que mesmo o "sexo (biológico)" é um conceito cultural *generificado*, entendido por intermédio das normas culturais de gênero. Isso não significa que se negue que meninas cisgênero menstruam e engravidam – *ninguém nunca negou isto, e quem nos acusa disso demonstra sua profunda ignorância nesta ilação puramente idiota*. O que Butler aponta é que a divisão da humanidade em "dois sexos biológicos", tendo como "diferença fundamental" os órgãos reprodutivos, decorre de uma *construção cultural* que substituiu o anterior paradigma do isomorfismo pelo do dimorfismo. Essa questão, como se vê *contraintuitiva* ao (péssimo) ensino contemporâneo, é tratada pelas autoras com muito mais leveza, relativamente a esta minha explicação, e por isso elas concluem: "quando falamos em uma normatividade cisgênero (ou cisnormatividade), estamos falando de todo esse conjunto de regras e valores que pressupõe que todas as pessoas estejam de acordo com a designação sexual que lhes foi atribuída – o que não dá conta da nossa complexidade humana". E complemento: mesmo na atualmente problematizada compreensão de Beauvoir, de "sexo" como algo que vem da Natureza e "gênero" como algo que vem da cultura, a heterocisnormatividade acaba por desconsiderar essa noção, já socialmente incorporada, de que as *identidades de gênero* decorrem de compreensões subjetivas culturais (das pessoas individuais em questão) e não da Natureza. Ou seja, a heterocisnormatividade confunde até mesmo os conceitos que supostamente diz conhecer, de "sexo" ("Natureza") e gênero ("Cultura"), na sua pretensa (e *simplória, opressora e equivocada)* defesa da primeira e demonização do segundo.

Diferencial do livro na questão da cidadania das pessoas *assexuais*, ao tratarem da *alonormatividade*, "termo utilizado para descrever o padrão social que impõe às pessoas que elas sejam alossexuais, ou seja, não-assexuais". É um tema ainda objeto de pouca atenção mesmo dos Movimentos Sociais. Sempre digo que nós, LGBTQIA+, não podemos cair no erro da sociedade heterocisnormativa e simplesmente *patologizar* as identidades assexuais simplesmente por não entendê-las (que não a entende). Afinal, foi isso que pessoas heterossexuais e cisgêneras tradicionalmente fizeram com pessoas LGBTQIA+ (alossexuais). A pessoa não é assexual "necessariamente" por alguma espécie de "trauma" ou "condição patológica" qualquer, como o senso comum aparentemente ainda crê, na sua mais pura ignorância. Há pessoas que simplesmente não sentem desejo sexual por outras e devem ser respeitadas enquanto tais, enquanto outras sentem atração *romântica/afetiva, mas não sexual*. Sem falar outras, denominadas *demissexuais*, que só sentem atração sexual por pessoas pelas quais sentem atração afetiva concomitante. Se as próprias pessoas informam ser esta sua identidade e seu desejo (ou sua falta dele), por qual motivo alguém poderia disto duvidar? É este o tema trabalhado pelas autoras quando falam brevemente da *alonormatividade*, que é um belo diferencial desta maravilhosa obra – e *pelo amor da Deusa (!)*, peço às pessoas não-assexuais que *jamais, em hipótese nenhuma*, se refiram às pessoas assexuais como "assexuadas" (sic), pois este é um termo da biologia vinculado ou à falta de órgãos sexuais, ou à desnecessidade de diversidade de sexos para a reprodução. Ou seja, é um termo *desumanizante* das pessoas assexuais que deve ser evitado a todo custo, por obviamente ofensivo (o que menciono por relatos de pessoas assexuais indignadas com essa confusão pautada em pura ignorância).

A obra também se diferencia do que normalmente se publica sobre diversidade sexual e de gênero ao tratar da *mononormatividade*, ou seja, "o padrão social que impõe às pessoas que sejam monossexuais, ou seja, que se relacionem sexual e/ou romanticamente exclusivamente com pessoas de determinado gênero". Trata-se da normatividade que gera a *bifobia* (e a *panfobia*, para pessoas que entendem que a bissexualidade estaria limitada ao binarismo de gêneros, enquanto a pansexualidade traria a atração independente de gêneros, o que eu, um homem gay, considero uma simplificação equivocada da bissexualidade, embora sempre caiba lembrar que, em termos de Direito das Minorias, deve-se chamar a pessoa pela forma como ela se identifica, como algo necessário ao *respeito* à sua identidade individual). Daí as autoras criticarem as expressões "relacionamentos gays, lésbicos ou em relacionamentos heterossexuais", já que as pessoas que integram tais relacionamentos podem ser bissexuais (ou pansexuais). As autoras não falaram do tema, mas apenas ressalto que, sem discordar da evolução terminológica, quando se fala em relacionamento "homoafetivo/homossexual", o que se quer dizer é um relacionamento "entre iguais", no sentido de pessoas do mesmo gênero, não obstante o termo denote pessoas "homossexuais" e, nesse sentido, no mínimo por simbologia, as autoras estão corretas na problematização que fazem em prol de terminologias que não denotem, ainda que sem intenção, a bifobia/panfobia.[12]

De forma didática, as autoras conceituam as identidades *assexual, demissexual, bissexual, pansexual, polissexual,*

---

[12] Vi recentemente um artigo falar em relacionamento *lesboafetivo*, o que obviamente supõe relacionamento homoafetivo entre mulheres *lésbicas*, uma expressão que, na lógica das autoras, estará correta apenas se for por mulheres que se identifiquem como lésbicas. No Brasil, as mulheres lésbicas, ao menos as ativistas, em geral rechaçam ser chamadas de "homossexuais", porque embora a homossexualidade abarque tanto

homossexual e *heterossexual*, em termos de distintas orientações sexuais, bem como as identidades *cisgênero, transgênero, transexual* e *travesti*, em termos de identidade de gênero, além das pessoas *intersexo* e *não-binárias*. Confesso ter ficado surpreso com as autoras afirmarem que o termo transexual estaria "caindo em desuso", por perpetrar uma "confusão entre gênero e sexualidade". Sem discordar que o termo, no sufixo "sexual", parece querer denotar "sexo biológico" ao invés de "identidade de gênero" (e aqui há, realmente, a confusão bem destacada), não me parece que seja este sufixo ou o termo em geral que tenha alguma culpa pela Medicina ("institucional") ter patologizado as identidades trans. Elas teriam sido patologizadas de qualquer forma, pelo cissexismo social que nos assola. Por outro lado, pessoas *transexuais (binárias)*, que se identificam com o *gênero oposto* àquele que lhes foi atribuído, ao nascer, em razão de seu genital, parecem continuar se identificando com os termos "transexual" e "transexualidade", especialmente ativistas *transexuais*. Seja como for, é uma reflexão interessante que merece atenção das pessoas leitoras. E

---

lésbicas quanto gays, o termo "homossexual" denota no inconsciente coletivo o "homem gay" (no Brasil, as mulheres lésbicas, ao menos as ativistas, não apreciam serem chamadas de "gays", ao contrário do que vemos, por vezes, com mulheres dos EUA, por exemplo). De forma equivalente, o termo "transgênero", embora seja um guarda-chuva que abarca todas as identidades não-cisgêneras, denota a pessoa transexual (apagando as travestis) e o termo "transexual" remete à "mulher transexual". Daí o Movimento LGBTQIA+ no Brasil falar em "Lésbicas, Gays, Bissexuais, Travestis, Transexuais e Intersexos" (além de outras minorias sexuais e de gênero representadas pelo símbolo "+"), com o termo *transexuais* sendo dividido entre "mulheres transexuais" e "homens trans". Como se vê, a *especificação identitária* visa evitar apagamentos de identidades não-hegemônicas mesmo na não-hegemônica comunidade LGBTQIA+, donde, embora seja importante, para fins de diálogos com a mídia e a sociedade em geral, a existência de termos *pronunciáveis* e uma sigla identitária que não seja de tamanho infinito (daí a boa ideia do "+"), é primordial (e mais importante) não perpetrarmos apagamentos. Uma boa solução (a meu ver) *queer* é, sem especificar identidades, falar em "minorias sexuais e de gênero", para abarcar pessoas não-heterossexuais (minorias sexuais, em termos de orientação sexual) e abarcar pessoas não-cisgêneras e mulheres cisgênero (minorias de gênero, em termos de identidade de gênero).

as autoras estão certíssimas ao conclamar a sociedade ao respeito ao *nome social* das pessoas trans, da mesma forma que respeitamos os *"apelidos"* informais que pessoas cisgênero adotam e ninguém questiona o direito de elas serem respeitadas por eles.

Sobre as pessoas *intersexo*, as autoras bem conclamam a sociedade a abandonar o termo "hermafrodita", por equivocado e desrespeitoso. Embora tenha uma origem aparentemente *fofa*, vinculando-se a "Hermes" e "Afrodite", da mitologia grega clássica, é um termo que adquiriu um sentido social altamente pejorativo, que muito *machuca* as pessoas intersexo. Então, novamente, em termos de Direito das Minorias, o direito subjetivo ao respeito às identidades pessoais, enquanto direito da personalidade, conclama que não se utilize um termo que se sabe pejorativo *(e se você discorda de ser pejorativo, guarde sua equivocada compreensão para você, sem fazer a pessoa ouvir um termo que você sabe que a machuca – simplesmente, vá estudar e/ ou respeite a autoidentificação da pessoa, sob pena de, no mínimo, dano moral indenizável).*

No mais, vale dizer que as pessoas intersexo lutam pelo *direito humano à autodeterminação de gênero*, contra as cirurgias *mutiladoras* feitas nos bebês intersexo, ao nascerem. É uma cirurgia *mutiladora* em bebês intersexo e não em pessoas trans adultas que desejam realizá-las porque estas as realizam no auto de sua *autonomia da vontade*, o que obviamente não ocorre com bebês intersexo. Já tivemos duas audiências públicas da Comissão Interamericana de Direitos Humanos sobre direitos das pessoas intersexo nesta segunda década do Século XXI *(da era cristã)*, onde estas conclamaram pelo respeito ao seu direito à *diversidade corporal*, contra opressivas cirurgias *normalizadoras* de seus corpos aos padrões sociais normativos do *dimorfismo compulsório*, denunciando os danos que tais cirurgias lhes causam e a plena naturalidade das diversas intersexualidades. Dos mais de quarenta tipos de intersexualidades, ativistas intersexo apontam que a grande maioria dos casos não demanda cirurgia para preservação da *saúde clínica* do bebê. O tema é dramático, porque pessoas intersexo adultas relatam que suas famílias não lhes contaram acerca da intersexualidade, que só descobriram muito tempo depois de adultas, o que obviamente é uma violação de seu direito de *identidade pessoal*, enquanto clássico direito da personalidade – lembrando-se que os direitos da personalidade são decorrências do princípio da dignidade da pessoa humana, que notoriamente considera o ser humano enquanto um *fim em si mesmo* e não um meio para a consecução de outros fins. Logo, pessoas intersexo não podem ser instrumentalizadas, para terem seus corpos opressivamente *"normalizados"*, como meio para atender a pretensão ideológica de puro dimorfismo biológico, fechando os olhos à realidade objetiva da naturalidade das diversas intersexualidades.

No Brasil, foi recentemente fundada a ABRAI – Associação Brasileira de Pessoas Intersexo, com a qual tenho bons diálogos e pude contribuir um pouco até hoje. Ela está em diálogos com o CNJ – Conselho Nacional de Justiça, sobre direitos de registro civil dos bebês intersexo. Eventualmente, dialogaremos com o CFM – Conselho Federal de Medicina, visando a revogação da atual Resolução 1.664/2003, que patologiza as identidades intersexo no Brasil e autoriza as cirurgias mutiladoras. Sempre cito que me surpreende o *sincericídio* do CFM na *Justificativa* de tal Resolução, na qual, em síntese, ele reconhece que, *por mais científicos que sejam* os critérios utilizados, não há como garantir que a pessoa intersexo terá uma identidade de gênero compatível com o *sexo cirurgicamente construído para ela, enquanto bebê*. Bem como, continuou o (neste ponto) *sincericida* CFM, embora haja pessoas (certamente, ativistas intersexo!) que conclamam para que se espere a pessoa crescer para decidir por conta própria se deseja a cirurgia, não há estudos que apontem as "consequências" psicológicas, sociais etc. disso. Sempre digo que um dia descobrirei uma maneira formal de dizer, em notificação extrajudicial, que *é claro que não há tais estudos, pois vocês (médicos/as) mutilam os bebês intersexo*, inviabilizando que cresçam de acordo com sua intersexualidade biológica! Espero que os diálogos sejam frutíferos, mas, se não forem, certamente judicializaremos também este tema, até porque os direitos das pessoas intersexo configuram grande lacuna da luta dos direitos LGBTQIA+ no Brasil. Sendo que, embora seja um tema que abarque a *biologia* e a diversidade *corporal*, é também um tema de *identidade de gênero*, de pessoas intersexo registradas como tendo um "sexo" (sic) com o qual não se identificam em termos de identidade de gênero. Já ouvi ativistas intersexo dizerem que médicos(as) favoráveis às cirurgias mutiladoras em questão apresentam pessoas intersexo que com elas ficaram satisfeitas. Como sempre digo, fico feliz que estas pessoas intersexo estejam satisfeitas com a cirurgia, mas *o problema de direitos humanos está nas pessoas intersexo que não estão satisfeitas e que, por isso, corretamente entendem que foram mutiladas, enquanto bebês.*

Cite-se que o Tribunal Constitucional Alemão decidiu, em 2017, que o direito humano ao livre desenvolvimento da personalidade, implícito ao princípio da dignidade da pessoa humana, garante o direito humano à autodeterminação de gênero, donde *o registro civil* deve ter um campo que não apenas "masculino" e "feminino" em termos de sexo, para que a pessoa intersexo decida, quando adulta, com qual gênero se identifica.[13] Trata-se do *mesmo fundamento* que fez a Corte Interamericana de Direitos Humanos reconhecer o direito de pessoas transgênero mudarem prenome e sexo no registro civil independente de cirurgias, laudos e ação judicial (o direito humano ao livre desenvolvimento da personalidade).[14] Se isso é assim para o registro civil, com muito mais razão há de sê-lo em termos de diversidade corporal e *integral proteção do bebê intersexo, enquanto pessoa intersexual* – o princípio da integral proteção da criança obviamente deve ser interpretado como exigindo respeito à criança LGBTI+ em sua orientação sexual não-heterossexual, identidade de gênero não-cisgênera e intersexualidade, conforme o caso.

Cite-se, por oportuno, que falar que "criança é criança, e não hétero ou LGBTI+" implica em uma idealização metafísica que, na prática, trata a criança como heterossexual, cisgênera e não-intersexual, trazendo prejuízos a estas. *A criança LGBTI+ existe*, bem diz o mote do Movimento Mães pela Diversidade há anos: da mesma forma que achamos normal o afeto *lúdico* entre crianças de gêneros opostos em termos de namoro (andar de mãos dadas, dar beijinhos no rosto etc.), há crianças que têm o mesmo afeto *lúdico* por outras do mesmo gênero (crianças LGB+), assim como há crianças que se identificam com o gênero oposto àquele

---

[13] FRITZ, Karina Nunes. Tribunal Constitucional Alemão admite a existência de terceiro gênero (comentário e tradução). In: *Civilistica.com*, a. 6, n. 2, 2017. Disponível (clicar em "download") em: <http://civilistica.com/tribunal-constitucional-alemao-admite/>. Acesso: 01/11/2020; VECCHIATTI, Paulo Roberto Iotti. Direito à autodeterminação de gênero das pessoas intersexo. In: DIAS, Maria Berenice (org.). *Intersexo*, São Paulo: Editora Revista dos Tribunais, 2018.

[14] CORTE INTERAMERICANA DE DIREITOS HUMANOS. *Parecer Consultivo OC 24/17, de 24 de novembro de 2017. Identidade de Gênero, Igualdade e Não-Discriminação a Casais do Mesmo Sexo*. Disponível em: https://www.corteidh.or.cr/docs/opiniones/seriea_24_por.pdf>. Acesso: 10/09/2020.

que lhes foi atribuído ao nascer (crianças trans),[15] além das crianças intersexo. Quem age de forma *ideológica*, no sentido pejorativo de adotar uma crença que contraria a realidade objetiva (o "mundo real") é quem nega o *fato objetivo/empírico* da existência de crianças LGBTI+.

As autoras finalizam sua explicação sobre estas identidades sexuais e de gênero bem afirmando que *"Nenhuma denominação aqui proposta tem o objetivo de dizer que as pessoas LGBTQIA+ devem se limitar a elas e permanecerem fixas nessas 'caixinhas'. Temos o objetivo de demonstrar que já existe tanta gente fora do padrão cis-heteronormativo quanto são as estrelas do universo, então já passou da hora de nos voltarmos para o reconhecimento e a legitimação"*. Isso me remete a um debate próximo: a questão das lutas *identitárias* e das lutas *queer*. Ao lado dos estudos *feministas*, surgiram os estudos *gays e lésbicos*, posteriormente

---

[15] A Resolução n.º 2.265/2019 do Conselho Federal de Medicina *reconhece a existência de crianças trans*, ao permitir o *bloqueio hormonal da puberdade*, que é absolutamente reversível sem danos à saúde da pessoa, à criança que se entender como pertencente do outro gênero, mediante acompanhamento de equipe multidisciplinar, e a *hormonioterapia de adolescentes trans a partir dos 16 anos*, o que também é reversível sem danos à saúde da pessoa, na improvável hipótese de "mudar de ideia". A questão é que o bloqueio hormonal é reversível sem danos à saúde da pessoa, mas *a puberdade é irreversível*, e pessoas trans adultas têm problemas de saúde decorrentes dos tratamentos que precisam adotar para adequar seus corpos a suas identidades de gênero, que poderiam ter sido evitados se tivessem obtido o *bloqueio hormonal da puberdade*, como desejavam ter obtido (obviamente, isso *jamais* seria imposto a uma criança que não o desejasse e não estivesse acompanhada de pais/mães/responsáveis e a equipe multidisciplinar em questão). Logo, não há prejuízo nenhum decorrente do bloqueio hormonal da puberdade de crianças e na hormonização a adolescentes a partir dos 16 anos (quando se tornam *relativamente capazes* para os atos da vida civil e podem, assim, participar de forma mais ativa das decisões sobre suas vidas), enquanto há prejuízos à saúde das pessoas trans adultas que não puderam bloquear sua puberdade. Isso resolve facilmente a *ponderação* fruto do princípio da proporcionalidade em favor do direito ao bloqueio hormonal em casos tais, enquanto medida *adequada* e *necessária* ao respeito a seu direito humano ao livre desenvolvimento da personalidade.

especificados em estudos de outras identidades sexuais e de gênero. Normalmente, são pessoas que assumem determinadas *identidades específicas* que estão na militância, ao menos institucionalizada, pela luta por direitos perante os poderes políticos (Executivo e Legislativo) e perante o Judiciário. São pessoas que *fazem absoluta questão* de serem identificadas por aquelas identidades específicas. Eu, por exemplo, sou um *homem gay*, ou seja, faço absoluta questão de ser reconhecido como *homem* (logo, tratado no masculino nas relações sociais em geral), e como tendo a orientação sexual homossexual, enquanto homem *gay*. Tenho o direito de ser respeitado enquanto tal e dessa forma, e disso ninguém duvida, muito menos as maravilhosas autoras da obra objeto deste prefácio.

Aparentemente, o *grande problema* da militância "identitária" (sic) foi o de lutar por *identidades específicas*, gerando a "consequência" de não se reconhecer direitos a outras identidades. Há uma crítica comum de que, ao reconhecer direitos a determinada identidade ou situação, se estaria "implicitamente negando" direitos a outras situações. Essa crítica só é correta em alguns contextos, sendo simplesmente absurda e indefensável quando aplicada a leis e decisões que reconhecem direitos a determinado grupo, sem nada falar sobre negar direitos a outro grupo. Por outro, a decisão do STF que reconheceu direitos a pessoas *transgênero* mudarem nome e gênero no registro civil independente de cirurgia, laudos e ação judicial (ADI 4275 e RE 670.422/RS) *em nenhum momento "negou" direito a pessoas não-binárias* (como já vi ser ironizado por pessoas que têm verdadeiro *fetiche* em demonizar o Judiciário, mesmo quando ele acerta). As ações foram movidas por demanda do Movimento *Transexual* (falavam sobre pessoas "transexuais" especificamente), conseguimos (por *insight* da maravilhosa Maria Berenice Dias, advogada de um dos processos, o RE 670.422/RS) estendê-la às travestis, pelo uso do termo *transgênero*, e o STF reconheceu o direito das pessoas transexuais e travestis ali. A questão dos direitos de pessoas não-binárias demandaria ação judicial própria, já que ali se discutia os direitos das pessoas transexuais, com notável inclusão das pessoas travestis pelo uso do termo *transgênero*, como *questão de ordem e de fato* suscitada da Tribuna por Maria Berenice Dias e (na esteira dela) por mim, o que depois trabalhei em *memorial* no processo. É inacreditável que profissionais do Direito façam críticas que aparentem ignorar que o Judiciário está vinculado aos pedidos que lhe são formulados, donde concede apenas aquilo que lhe foi expressamente requerido. Reconhecer direitos a um grupo sem negá-los a outro não pode *seriamente* ser dito como negando direitos a este outro grupo.

Logo, a crítica em questão é válida quando um grupo pleiteia reconhecimento de direitos pretendendo negá-los a outros grupos (e a decisões que concedem direitos a um grupo, *expressamente* negando-os a outro, o que *não ocorre* quando não tratam do tema dos direitos deste outro grupo). Por exemplo, (a crítica é devida a) homens e mulheres *gays e bissexuais*, que lutam contra a discriminação por orientação sexual, mas que teratologicamente defendem a discriminação por identidade de gênero contra pessoas trans. Essa situação é tão *grotesca* que me choca em níveis transcendentais, já que tais pessoas se apegam numa visão biologizante essencialista que é absolutamente análoga àquela que pessoas homofóbicas (lesbofóbicas e gayfóbicas) e bifóbicas usam contra pessoas LGBTQIA+, atuando pelo mais puro e simples *simplismo acrítico de conveniência* (a pessoa age de forma simplória porque lhe convém, sem problematizar os problemas e/ou contradições evidentes daquilo que defende).

Seja como for, uma militância *queer* parece-me aquela que fala em combater discriminações por critérios não-identitários, que abarcam todas as identidades em questão. *Queer* é um termo inglês que significa "estranho, esquisito, anormal", um termo originalmente pejorativo que foi ressignificado pelo ativismo de direitos humanos. No caso das minorias sexuais e de gênero, uma lei/decisão *queer* é a que veda a discriminação *por orientação sexual,* por *identidade de gênero* e por *expressão de gênero.* Sempre digo que o Projeto de Lei de Estatuto da Diversidade Sexual e de Gênero (PLS 134/2018) é um projeto tanto *identitário,* por citar a igual dignidade jurídica entre heterossexuais [e cisgêneros], de um lado, e pessoas LGBTQIA+, de outro (art. 2º), quanto por visar garantir direitos e reprimir, inclusive criminalizando, discriminações independentemente de "orientação sexual e identidade de gênero" (art. 1º, entre outros). A ideia foi prestigiar tanto as *identidades LGBTQIA+* que *põe a cara a tapa enquanto tais* e lutam pelo fim das discriminações homotransfóbicas (LGBTQIA+fóbicas) contra minorias sexuais e de gênero em geral, *ao mesmo tempo* em que se punem todas as formas de discriminações por orientação sexual, identidade de gênero e expressão de gênero, sem vinculação a identidades específicas, para não excluir outras pessoas não-heterossexuais e não-cisgêneras da proteção do Direito.

O capítulo final da obra, talvez o de maior importância, visa refutar mitos e algumas expressões lamentavelmente comuns ditas a pessoas LGBTQIA+. Explicam que algumas falas que se pretendem elogiosas são, na verdade, ofensivas ou, no mínimo, são pautadas por pressupostos muito problemáticos. Uma que elas não mencionaram, embora relacionada às primeiras, é a famoso máxima, *"nossa, você nem parece gay"* (sic). Sempre respondo com um *"ah, que pena!"*, porque quero ser visto como *muito gay*. A frase pretende-se "elogiosa", por denotar que o homem em questão é "masculino", e não "afeminado" (sic). Isso gera dois problemas de imediato: por que o simples fato de ser "gay" tornaria o homem "menos masculino" (sic) que o homem hétero? E, mais importante, *qual o problema de um homem ser "afeminado" (sic)?* Aliás, *o que é isto, afeminado?!* É um padrão social que decorre do machismo, que prega que "homens não choram", que "homens não podem demonstrar sentimentos" e outros padrões de *masculinidade tóxica* que são deploráveis e devem ser abandonados. Considerações análogas podem ser ditas sobre as mulheres lésbicas, bem como sobre homens e mulheres bissexuais. É extremamente *ofensivo* considerar uma pessoa "menos masculina/feminina" apenas por não ser heterossexual (ou cisgênera). Sabemos que muitas vezes isso não é intencional, mas as pessoas *precisam estudar, ainda mais em tempos de internet,* para saber como os *Movimentos Sociais*, formados por pessoas que têm uma vida de lutas pelo respeito aos direitos humanos, tratam de tais temas. Evidentemente, há pessoas LGBTQIA+ de fora dos Movimentos Sociais organizados (hegemônicos etc) que aceitam/querem ser tratadas de outras formas. *Ótimo para elas*, mas, para as demais, seguir o que diz o Movimento Social que luta por seus direitos *e, principalmente, aquilo que elas falam/pedem concretamente* para não se sentirem desrespeitadas, ofendidas e/ou magoadas, é o *mínimo do mínimo* em termos de respeito. Quem discorda disso, merece a máxima popular, *coragem, porque noção, nenhuma,* versão esta que aprendi da amada amiga

Djamila Ribeiro, em sua incessante luta pelo respeito aos direitos humanos das mulheres negras em especial, além das pessoas negras e grupos vulneráveis em geral.

Como mencionado, o intuito deste prefácio foi destacar alguns pontos desta belíssima obra e com ela dialogar. Espero que leitoras, leitores e leitorxs (não-bináries) apreciem esta leitura como eu apreciei, pois se são temas com os quais estou acostumado, apreciei *demais* a forma descontraída, embora técnica e precisa, com a qual as autoras trataram os temas. Boa leitura!

Paulo Iotti[16]

---

[16] Doutor e Mestre em Direito Constitucional pela Instituição Toledo de Ensino. Especialista em Direito Constitucional pela PUC-SP. Especialista em Direito da Diversidade Sexual e de Gênero e em Direito Homoafetivo. Bacharel em Direito pelo Instituto Presbiteriano Mackenzie. Professor Universitário e Advogado de Direitos Humanos. Diretor-Presidente do GADvS – Grupo de Advogados pela Diversidade Sexual e de Gênero. Integrante da Comissão de Diversidade Sexual e de Gênero da OAB/SP e do IBDFAM – Instituto Brasileiro de Direito de Famílias. Autor de diversos artigos jurídicos e dos livros *Manual da Homoafetividade. Da Possibilidade Jurídica do Casamento Civil, da União Estável e da Adoção por Casais Homoafetivos* (4. ed., Bauru: Ed. Spessoto, 2021); *Constituição Dirigente e Concretização Judicial das Imposições Constitucionais ao Legislativo...* (4. ed., Bauru: Ed. Spessoto, 2021); e *O STF, a Homotransfobia e seu Reconhecimento como Crime de Racismo. Análise e defesa da decisão da ADO 26 e do MI 4733* (2. ed., Bauru: Ed. Spessoto, 2021). Atuou (e atua) em processos perante o STF em defesa dos direitos da população LGBTQIA+ e direitos humanos em geral.

Sumário

Prefácio	XI
1. Um pequeno passo para o aliado, um grande salto para a humanidade	1
2. Galáxia LGBTQIA+	11
2.1. Voos simulados: o que podemos aprender com viagens anteriores?	12
2.2. Aviso aos viajantes: desconfortos da viagem	17
2.3. Matriz Heterossexual: uma nova tecnologia para nos levar mais longe	20
2.3.1. Checagem dos motores: o gênero como um sistema	22
2.3.2. Ignição e subida: rompendo a atmosfera da "normalidade"	29
3. Corpos celestes: conceitos de gênero e sexualidade	45
3.1. Orientações sexuais	46
3.2. Identidades de gênero e noções interligadas	49
4. O guia do Aliado à Galáxia: mitos e verdades sobre a comunidade LGBTQIA+	63
4.1. Pode ser gay, é só não ser viado	66
4.2. Não tenho nada contra, é só não dar em cima de mim	69
4.3. Pode ser gay, mas dentro de casa	71
4.4. Quem é a mulher da relação?	72

4.5. Esse cara é um desperdício … 74
4.6. Se é para ficar com uma mulher masculina, por que não fica logo com um homem? … 74
4.7. Não quero me trocar na sua frente … 76
4.8. Oi, posso participar? … 78
4.9. Você não gosta de homens porque nenhum te pegou direito … 79
4.10. Vocês não fazem sexo, só preliminares … 81
4.11. Se eu fosse lésbica, ficaria com você … 83
4.12. Isso é só uma fase até você decidir se é hetero ou homo … 84
4.13. Só se for bi de bicha … 86
4.14. Você não gosta de mulheres de verdade, só beija mulheres para chamar a atenção dos caras … 86
4.15. Bissexuais têm o dobro de chances de se darem bem … 88
4.16. Vamos fazer um ménage? … 89
4.17. Não fico com mulheres bissexuais para não pegar DST … 90
4.18. Bissexuais não precisam sair do armário … 91
4.19. Pansexuais são aqueles que fazem sexo com árvores … 94
4.20. Mas você nasceu homem ou mulher? … 95
4.21. Nossa, mas você nem parece trans … 96
4.22. Se é para se relacionar com mulheres, por que deixar de ser homem? … 98
4.23. É lindo, pena que não é homem de verdade … 99
4.24. Posso ver fotos de quando você era homem/mulher? … 100
4.25. Tenho curiosidade de transar com uma mulher trans … 100
4.26. Cuidado, é uma armadilha … 101
4.27. Pessoas trans não devem usar o mesmo banheiro que as outras pessoas … 102
4.28. Mas como você é "não-binárie" se você se veste como homem? … 104
4.29. Você precisa checar seus hormônios … 105
4.30. A verdade é que ninguém te comeu direito ainda … 106
4.31. Foi só uma brincadeira … 107
4.32. O mundo está muito chato … 110

Referências … **113**

1. Um pequeno passo para o aliado, um grande salto para a humanidade

Dias antes de os Estados Unidos lançarem o foguete que levaria o norte-americano Neil Armstrong a ser o primeiro ser humano a pisar na Lua, a comunidade LGBTQIA+ daquele país conduzia uma série de manifestações por direitos, que posteriormente veio a ser conhecida como a Revolução de Stonewall.

Dezessete foram os dias entre esses dois eventos históricos. Enquanto o mundo todo estava em êxtase acompanhando as imagens do avanço da exploração humana no espaço, expandindo seu universo conhecido, a população LGBTQIA+ estava como que vivendo em uma galáxia distante, ainda reivindicando o simples direito de existir.

Dois eventos revolucionários para a história, de importância ímpar, mas com pontos de partida tão distintos que parecem ter ocorrido em mundos ou mesmo épocas diferentes. É sobre essa diferença de ponto de partida, sobre a fragilidade da base de onde sobem os voos da população LGBTQIA+, que precisamos falar. Ela é injusta.

A vida e os eventos que envolvem a população LGBTQIA+ parecem refletir o passado, se comparados a algumas parcelas da humanidade. É como se vivêssemos em uma corrida em que um grupo de pessoas começou quilômetros na frente de outros grupos e agora estivéssemos atentas a essa diferença, tentando correr mais do que as pernas aguentam, para quem sabe conseguir alguma classificação na corrida.

Basicamente, estamos tratando aqui da diferença entre igualdade e equidade. Enquanto a igualdade tem relação com a construção de um ideal em que não se façam diferenciações discriminatórias entre as pessoas, com o objetivo de conferir a todas e todos os mesmos direitos em uma sociedade, a equidade tem relação com a concretização dessa prática. Se as pessoas possuem origens e características distintas, para que cheguemos a um resultado concreto de igualdade na sociedade, precisamos tratar os diferentes com uma certa diferença, proporcional à característica que os difere, ao passo que os iguais como iguais.

É dizer: para superarmos as diferenças entre pontos de partida, temos que conhecer o tamanho da distância que separa cada ponto. Apenas com informação e consciência coletiva sobre esta distância é que seremos capazes de entender se há necessidade de diminuí-la e, havendo, quais seriam as melhores maneiras para fazer isso, como um compromisso pela justiça social.

No espaço, os tamanhos são imensos e há muitas maneiras diferentes de medir distâncias: aqui pertinho os metros e quilômetros ainda servem. Mais longe vamos precisar de anos-luz e de parsecs. Para a população LGBTQIA+, também é possível medir a distância do seu ponto de partida em relação às demais pessoas por diversas métricas.

Vida é a mais evidente delas. É o elemento mais fundamental de nossa humanidade – esperamos e queremos viver, e por muito tempo. Geralmente, a morte é uma interrupção traumática, temida, sofrida. Mesmo sendo algo presente em nossas vidas desde que nascemos (afinal, é a única certeza que temos), ainda assim pensamos na morte como um dado distante, decorrente de uma vida longa e bem aproveitada.

Só que, quando olhamos para dados de mortes de pessoas LGBTQIA+, estamos falando de pessoas que morrem por serem quem são, que morrem antecipadamente, sem poderem ter vivido e aproveitado dessa passagem na Terra. São pessoas que estão sujeitas a crimes de ódio, a mortes violentas ou a suicídios em uma proporção muito maior do que pessoas não-LGBTQIA+.

O Brasil é o campeão dessas estatísticas – e que campeonato mais triste, certamente não é por isso que somos brasileiras orgulhosas do nosso país. Vivemos no país que mais mata pessoas LGBTQIA+ no mundo, de acordo com pesquisas realizadas por diversas organizações que trabalham pela garantia de direitos à população LGBTQIA+ (OLIVEIRA, 2020).

BRASIL É O PAÍS QUE MAIS MATA PESSOAS TRANS NO MUNDO

(PAÍSES COM O MAIOR NÚMERO DE HOMICÍDIOS DE PESSOAS TRANS E GÊNERO-DIVERSAS NO MUNDO, ENTRE OUTUBRO DE 2018 E SETEMBRO DE 2019)

VIDAS LGBTQIA+

- ÍNDIA
- PAQUISTÃO
- MALÁSIA
- FILIPINAS
- NEPAL
- TAJIQUISTÃO
- UZBEQUISTÃO
- BRASIL
- MÉXICO
- COLOMBIA
- ARGENTINA
- EQUADOR
- HONDURAS
- CHILE
- REPÚBLICA DOMINICANA
- EL SALVADOR
- VENEZUELA
- GUATEMALA
- PERÚ
- BOLÍVIA
- COSTA RICA
- URUGUAI
- TURQUIA
- ESPANHA
- RUSSIA
- ITÁLIA
- REINO UNIDO
- AUSTRALIA
- ESTADOS UNIDOS

0 — 30 — 60 — 90 — 120 — 150

NÚMERO DE MORTES VIOLENTAS (HOMICÍDIOS E SUICÍDIOS) DE PESSOAS LGBT+ NO BRASIL DE 2007 A 2019

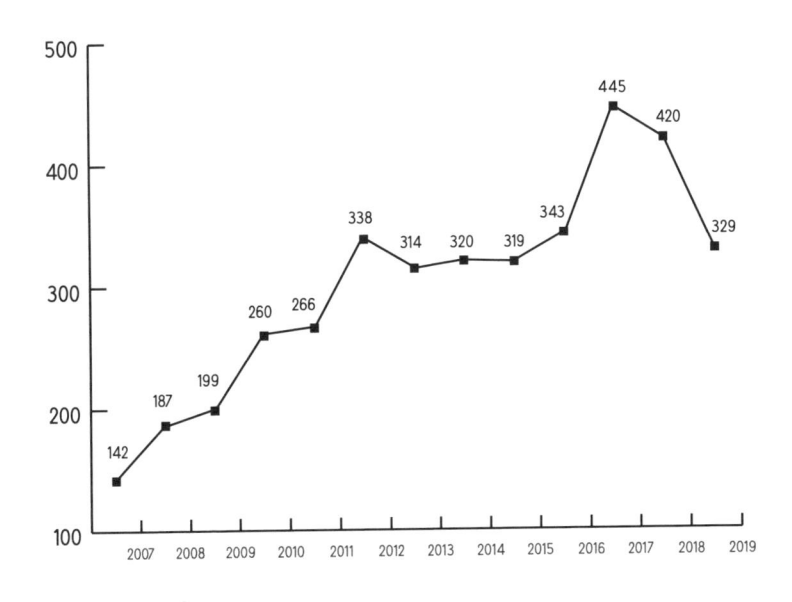

Ano	Número
2007	142
2008	187
2009	199
2010	260
2011	266
2012	338
2013	314
2014	320
2015	319
2016	343
2017	445
2018	420
2019	329

Outra forma de medir a distância entre populações ou pessoas é a violência. Estar sujeito a violência é um elemento relevante na determinação da qualidade de vida de alguém. No Brasil, a cada 1 hora uma pessoa LGBTQIA+ sofre violência por ser LGBTQIA+. Metade dessas pessoas são negras, quase metade delas (46%) são trans ou travestis, quase 25% são apenas adolescentes (PINTO *et al.*, 2020).

PESQUISA COM BASE NOS DADOS DO SUS, EM PARCERIA COM FIOCRUZ, IFRS, UFRGS, 2015-2017

24.564 NOTIFICAÇÕES DE VIOLÊNCIA CONTRA A POPULAÇÃO LBGT (MÉDIA DE 22 NOTIFICAÇÕES POR DIA);

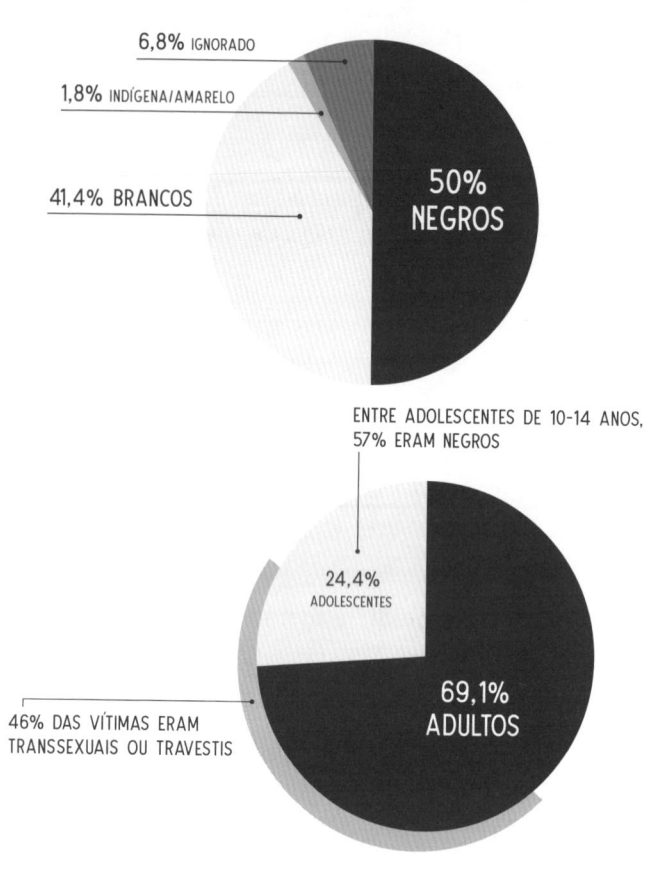

- 6,8% IGNORADO
- 1,8% INDÍGENA/AMARELO
- 41,4% BRANCOS
- 50% NEGROS

ENTRE ADOLESCENTES DE 10-14 ANOS, 57% ERAM NEGROS

- 24,4% ADOLESCENTES
- 69,1% ADULTOS
- 46% DAS VÍTIMAS ERAM TRANSSEXUAIS OU TRAVESTIS

E quando pensamos em qualidade de vida, as condições de trabalho são elementos-chave para a análise, afinal, o trabalho é ferramenta de autonomia. Nesse sentido, o desemprego e o emprego precário são critérios que afastam as pessoas do acesso aos recursos necessários à sua sobrevivência e à vida com dignidade. Assim, o trabalho também é uma forma importante de medir a distância entre pontos de partida nesta nossa viagem.

Embora tenhamos uma legislação ainda protetiva, e apesar dos esforços ativos de desmonte da legislação trabalhista brasileira, 40% das pessoas LGBTQIA+ já sofreram discriminação por sua orientação sexual no trabalho e 13% já tiveram dificuldades para encontrar emprego por conta de sua orientação sexual (SANTO CAOS, 2015). Para as pessoas trans e travestis, o mercado de trabalho formal é praticamente inacessível, levando 90% delas à prostituição, de acordo com a Associação Nacional de Travestis e Transexuais.

ESTUDO DA CONSULTORIA SANTO CAOS: "DEMITINDO PRECONCEITOS – POR QUE AS EMPRESAS PRECISAM SAIR DO ARMÁRIO"

40%
JÁ SOFRERAM DISCRIMINAÇÃO POR ORIENTAÇÃO SEXUAL NO TRABALHO

ESTUDO DA CONSULTORIA SANTO CAOS: "DEMITINDO PRECONCEITOS – POR QUE AS EMPRESAS PRECISAM SAIR DO ARMÁRIO"

37% DAS PESSOAS ENTREVISTADAS DISSERAM QUE SUA ORIENTAÇÃO SEXUAL JÁ INFLUENCIOU NA ESCOLHA DE VAGAS DE TRABALHO

13% AFIRMA JÁ TER TIDO DIFICULDADE PARA ENCONTRAR EMPREGO POR CONTA DE SUA ORIENTAÇÃO SEXUAL

ANTRA - ASSOCIAÇÃO NACIONAL DE TRAVESTIS E TRANSEXUAIS

90%
DAS PESSOAS TRANS E TRAVESTIS ACABAM RECORRENDO À PROSTITUIÇÃO COMO TRABALHO E FONTE DE RENDA

No ambiente de trabalho, 53% das pessoas não-heterossexuais não declaram sua orientação sexual. Das 47% restantes, 90% se sentem confortáveis para contar apenas para colegas de mesmo nível hierárquico. Somente 32% contam para chefe ou superior imediato e apenas 2% declaram para gestor de recursos humanos, o que demonstra o imenso receio da discriminação (SANTO CAOS, 2015).

ESTUDO DA CONSULTORIA SANTO CAOS: "DEMITINDO PRECONCEITOS – POR QUE AS EMPRESAS PRECISAM SAIR DO ARMÁRIO"

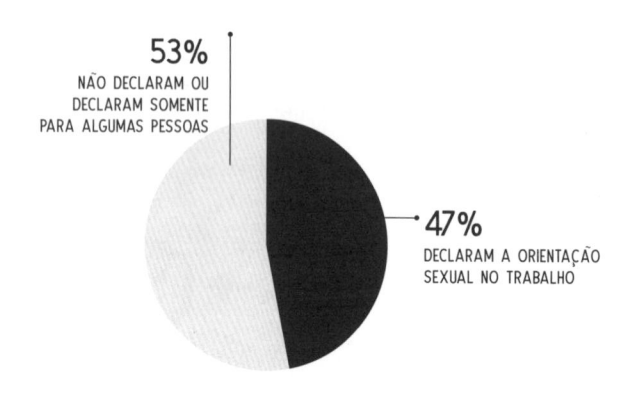

53%
NÃO DECLARAM OU DECLARAM SOMENTE PARA ALGUMAS PESSOAS

47%
DECLARAM A ORIENTAÇÃO SEXUAL NO TRABALHO

ESTUDO DA CONSULTORIA SANTO CAOS: "DEMITINDO PRECONCEITOS – POR QUE AS EMPRESAS PRECISAM SAIR DO ARMÁRIO"

QUANDO ASSUMEM,

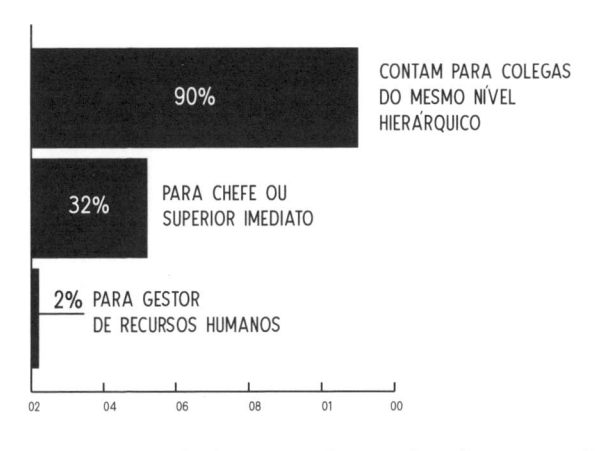

- 90% CONTAM PARA COLEGAS DO MESMO NÍVEL HIERÁRQUICO
- 32% PARA CHEFE OU SUPERIOR IMEDIATO
- 2% PARA GESTOR DE RECURSOS HUMANOS

Todas essas métricas são chamadas de **marcadores sociais da diferença**. Eles são capazes de demonstrar como as pessoas LGBTQIA+ estão em pontos de partida muito distantes de pessoas não-LGBTQIA+. Além destes, existem outros marcadores sociais da diferença, que podem ser concomitantes, como a raça, o gênero, a classe, a deficiência, a origem geográfica, dentre outros.

E mesmo que os números pareçam chocantes, precisamos lembrar que há muitos dados faltantes. A subnotificação é um fenômeno real: muita coisa não se acha, pois muita coisa não se procura. E isso se dá porque vivemos em uma sociedade que escolhe ignorar certos dados. Um exemplo disso é que, até 2014, não havia sequer campo em formulário para registrar a orientação sexual em boletins de ocorrência (SECRETARIA DE DIREITOS HUMANOS, 2014), e até hoje o uso do campo não é obrigatório (VIEIRA, 2021). Em outras palavras, os dados obtidos sobre violência motivada por orientação sexual costumam vir de outras fontes, já que a forma oficial de obtenção ignora esse critério.

Considerando esses dados e, ainda, as omissões que justificam a ausência de formulações mais concretas, fica evidente que há, quiçá, anos-luz que distanciam as pessoas LGBTQIA+ das pessoas não-LGBTQIA+. Diante disso, voltando à metáfora da corrida, podemos concluir que conceder pontos de partida iguais para pessoas que partem de locais tão distantes entre si é injusto.

Estamos admitindo que é necessário tratar as pessoas de maneira diferente, se o objetivo da nossa sociedade é, algum dia, chegar em uma igualdade concreta entre as pessoas e não apenas manter conceitos bonitos nas leis, mas que não são garantidos na prática.

Portanto, estamos também admitindo que existem discriminações positivas e negativas para a sociedade. Um exemplo de discriminação positiva é a reserva de vagas para pessoas com deficiência nas empresas. Um exemplo de discriminação negativa é o fato de as calçadas das cidades e de o transporte público não serem 100% acessíveis a cadeirantes.

Ter a consciência dos anos-luz que o separam da Galáxia LGBTQIA+ é o primeiro passo para o aliado. Ter a coragem de embarcar em uma viagem capaz de diminuir ou acabar com essa distância será o grande salto para a humanidade.

2. Galáxia LGBTQIA+

2.1. Voos simulados: o que podemos aprender com viagens anteriores?

Ir ao espaço requer treinamento. É uma viagem diferente, que mexe com a noção de tempo, exige de nossa mente e corpo, nos faz sentir falta de casa e nos lança ao desconhecido. Mesmo depois de decidir que vamos, é preciso nos preparar.

Muito do que temos à disposição para treinar, nós aprendemos em viagens anteriores, a partir de elaborações de quem foi e voltou muitas vezes. Esses viajantes, ao retornar, nos contavam o que viam.

Eles disseram: há "homens que vestem roupa de mulher", há pessoas que fazem cirurgias de "mudança de sexo". Há mulheres que gostam de mulheres, homens que gostam de homens, há quem goste dos dois. Em outras viagens, retornaram nos contando que havia mais que dois. Contaram também que havia mulheres "masculinas" que não se consideravam homens, e que existiam mulheres "femininas" que gostavam delas.

E isso foi nos deixando com dúvidas por aqui. A cada viagem, os conceitos ficavam cada vez mais confusos e diferentes de nós. Ficava cada vez mais difícil, para quem queria participar desta jornada também, encontrar seu caminho. Muitos se perderam e ainda se perdem. Foi então que se iniciou o processo de criação de mapas e manuais: a cartografia estelar LGBTQIA+ foi se desenvolvendo.

Nestes manuais, foram apresentados os conceitos de identidade de gênero e de orientação sexual. Um dos mapas mais úteis criados para navegar este céu – recém-descoberto para muita gente – foi o "boneco do gênero". Ainda é possível encontrar o boneco como ferramenta didática em muitas discussões que envolvem estes conceitos, pois ele é capaz de separar elementos de maneira muito evidente, como "água e óleo". Então, a grande dificuldade que era explicar que a orientação sexual não se confunde com identidade de gênero foi sanada pelo boneco – como explicaremos mais adiante. Por ora, vamos começar olhando para ele:

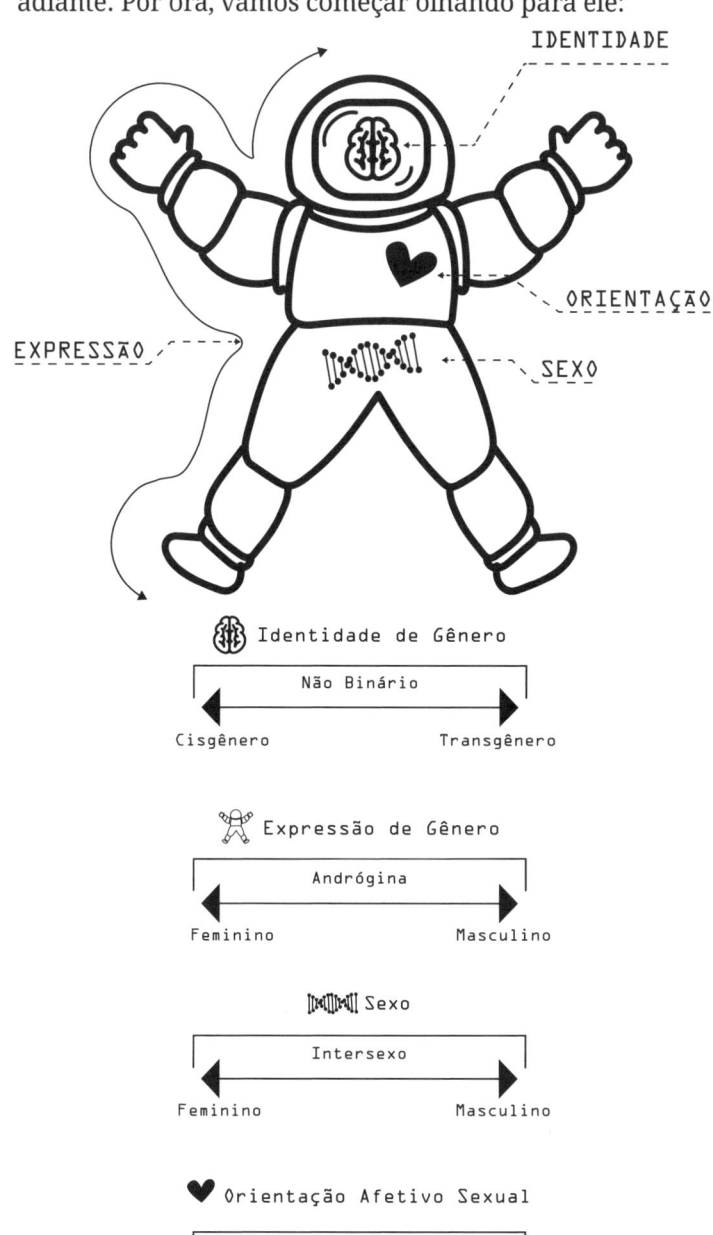

IDENTIDADE

EXPRESSÃO

ORIENTAÇÃO

SEXO

Identidade de Gênero

Cisgênero ←——— Não Binário ———→ Transgênero

Expressão de Gênero

Feminino ←——— Andrógina ———→ Masculino

Sexo

Feminino ←——— Intersexo ———→ Masculino

Orientação Afetivo Sexual

Heterossexual ←——— Bissexual ———→ Homossexual

De acordo com essa estrutura estanque, a **identidade de gênero** estaria na cabeça, representando a forma como uma pessoa vê e sente a si mesma em relação ao gênero, sendo possível ser homem ou mulher. A identidade tem a ver com aquilo que a sociedade atribui como sendo "de homem" e "de mulher".

Cabelos longos, unhas pintadas, depilação, rosto maquiado, sapato alto, saias – todas são coisas concretas que são associadas às mulheres. Voz aguda e doce, gestos carinhosos, delicadeza, fragilidade, emotividade, cuidado – essas são coisas mais abstratas, mas que também são relacionadas ao feminino. Assim, padrões de comportamento e atividades permitidas e esperadas de mulheres se relacionam com esses atributos. Arrumar a casa, ir ao salão de beleza, comprar roupas, cuidar das crianças, brincar de boneca etc. É esperado de mulheres que sejam esposas, mães, professoras de jardim de infância, enfermeiras etc.

De outro lado, o oposto. Cabelos curtos, nenhuma maquiagem, pelos corporais em abundância, sapatos baixos, calças, poucas cores – são coisas concretas que são associadas ao masculino. No abstrato, voz grave e firme, agressividade, brutalidade, força, racionalidade, liderança. É esperado de homens que sejam provedores, que gostem de esportes, que se interessem por ciências exatas e super-heróis, que ocupem o espaço público e a política, que carreguem peso e consertem coisas.

Sendo todas essas coisas construções sociais – resultados da nossa história e cultura – e, portanto, produto da cabeça das pessoas, podemos ou não nos identificar com elas. Estando na cabeça, a identidade de gênero não se relaciona com o **"sexo biológico"**.

O "sexo biológico" estaria separado entre pênis e vagina, entre macho e fêmea. O meio do caminho é o intersexo, vulgar e equivocadamente chamado de hermafrodita.

Essa distinção entre cabeça e genital é muito evidente e simples de visualizar. Através do boneco do gênero, as pessoas trans são explicadas como sendo as pessoas nas quais a identidade de gênero não coincide com o "sexo biológico".

Por exemplo, uma pessoa com pênis que não se identifica com os signos sociais atribuídos aos homens, ao contrário, se identifica com aqueles atribuídos às mulheres – inclusive o próprio nome. Esta é uma mulher trans, que, de acordo com o boneco do gênero, tem o "sexo biológico" macho, mas identidade de gênero feminina.

É comum que muitos viajantes digam que pessoas trans "nasceram no corpo errado", como uma maneira de conferir uma qualidade inescapável à sua identidade de gênero. Esse destino fatal, equiparado a uma prisão dentro de si mesmo, é uma maneira de provocar sentimentos empáticos em outros aliados, na medida em que a falta de escolha não permite outro julgamento que não a aceitação e a compaixão.

No coração do boneco, fica a **orientação sexual**, representando os relacionamentos e desejos em relação a outras pessoas. Neste espectro, é possível transitar de heterossexual – a pessoa que se interessa por pessoas do "gênero oposto" – a homossexual – a pessoa que se interessa por pessoas do mesmo gênero –, passando pela bissexualidade, que, pela figura do boneco, está no meio do caminho, se interessando por ambos os gêneros.

O boneco também mostra outra classificação: a **expressão de gênero**, que é a forma como nos mostramos para o mundo, e que independe da identidade de gênero, do "sexo biológico" e da orientação sexual. Corresponde apenas à nossa aparência física, roupas, acessórios, corte de cabelo, forma de falar, mover-se e agir – todos signos que a sociedade interpreta como feminino, masculino ou, quando indefinido, andrógino.

Este último conceito pode ser confuso, principalmente quando falamos antes sobre a identidade de gênero. Levando em conta a figura do boneco, podemos explicar a diferença entre eles ao compreender que a identidade é o que entendemos para nós mesmos e a expressão, o que mostramos para os outros. Assim, é possível que você seja uma mulher que goste de usar roupas masculinas, mas isso não significa que você se identifique como homem.

Este mapa, apesar de antigo, é capaz de demonstrar de maneira bem-sucedida a diferença entre identidade de gênero e orientação sexual, mostrando que elas não se confundem, que têm fundamentos distintos e não se anulam entre si. Que é possível que uma mulher trans seja lésbica sem que isso soe confuso, ou permita que se diga "já que é para se relacionar com mulheres, seria mais fácil continuar sendo um homem".

Nas viagens à Galáxia LGBTQIA+ de muitas pessoas, este mapa foi muito útil. Ocorre que, no afã de simplificar os conceitos e de facilitar as próximas viagens, os primeiros astronautas deixaram muita gente de lado nos seus mapas.

Talvez esses mapas não sejam mais suficientes para explicar todos esses conceitos. Talvez eles partam de pressupostos equivocados. Talvez eles representem o olhar de um astronauta à Galáxia, um *frame*, uma foto, mas não a realidade. Afinal, o que são as constelações senão um passaporte para o passado?

O boneco do gênero separa o corpo da mente. Neste mapa, o corpo (e principalmente o sexo) seriam um dado, um fato consumado, fixo, natural e imutável. A única coisa capaz de mudar seria a cabeça, o que sentimos e pensamos.

Estes mapas e macetes de viagens anteriores nos trouxeram até aqui e nos ajudaram a descrever muito do que sabemos. Porém, como toda ciência, às vezes chega o dia em que novas descobertas e novas elaborações explicam mais e melhor o mesmo universo e nos permitem viajar mais longe.

Vamos mais longe?

2.2. Aviso aos viajantes: desconfortos da viagem

Os astronautas da NASA, após selecionados e designados a uma viagem espacial, passam por um treinamento de quase dois anos, que envolve atividades embaixo d'água, microgravidade, uma vida em que tenham acumulado mil horas de voos pilotando aviões a jato, além de uma diversidade de outros saberes multidisciplinares.

Esses saberes foram sendo acumulados ao longo das viagens de exploração do espaço. Um exemplo disso tem relação com a Síndrome de Adaptação ao Espaço ou Doença do Espaço, que são males sentidos por astronautas quando começam a ser expostos à microgravidade, durante um período de adaptação no qual sentem enjoos, tontura, dores de cabeça etc.

Durante os primeiros voos espaciais, que eram realizados com bastante limitação aos movimentos dos astronautas, a Doença do Espaço era desconhecida. Quando os astronautas passaram a utilizar aeronaves maiores e a realizar movimentos livres, começaram a demonstrar os sintomas da doença. Por causa disso, atualmente é comum que a programação de atividades mais críticas ou extraveiculares se inicie após alguns dias de microgravidade, de modo a respeitar o tempo de adaptação do corpo humano a essas condições.

Da mesma forma que os astronautas foram acumulando saberes e aprendizados ao longo do tempo, explorar a Galáxia LGBTQIA+ também envolve adaptações e preparação. Este livro pode trazer alguns desconfortos para determinados viajantes. Principalmente por dois motivos:

A) Este livro fala sobre sexo. Um tema tabu, pecado, proibido.

Você, pessoa não LGBTQIA+, vive de acordo com determinados padrões sociais que apresentaremos mais tarde: as normatividades. Elas têm um poder tão grande sobre as pessoas que são capazes de estabelecer uma ordem social através de símbolos e discursos implícitos, ocultos até. É possível passar uma vida inteira vivendo na normatividade sem falar abertamente sobre sexo.

Porém, para as pessoas que fogem aos padrões sociais, que não se encaixam nessas normatividades, o processo de compreensão de si mesmas passa necessariamente pela elaboração direta daquilo que na normatividade permanece oculto. É por isso que precisamos falar de sexo quando falamos de população LGBTQIA+.

Somos diferentes, transamos diferente. É tudo diferente. Como ser diferente sem entender o que está acontecendo? Como entender o que está acontecendo sem falar sobre todos os detalhes?

Não é porque sejamos libertinos, promíscuos, imorais e desprendidos. Somos tão humanos como qualquer pessoa. Porém, para que pudéssemos viver, tudo que nos foi ensinado (ou não foi ensinado) precisou ser refeito, através de elaboração, estudo, fala, expressão e arte. E ao contrário da norma, sobre nós nada está estabelecido, tudo precisa ser construído do zero. É por isso que a sigla não para de crescer. Estamos nos descobrindo todos os dias.

Então, sim. Este livro falará sobre sexo. Sobre partes do corpo. Com a intenção de elaborar sobre estes aspectos da vida humana e suas trocas sociais. E não há nada para se envergonhar. Se for desconfortável, dê um tempinho, reflita e volte. Vai valer a pena!

B) Este livro desvela privilégios.
É muito desconfortável descobrir-se padrão e entender que se ocupa um lugar de privilégio. Ao mostrarmos dados sobre mortes, saúde e dificuldades a que pessoas LGBTQIA+ estão sujeitas, apenas por serem pessoas LGBTQIA+, mostramos uma realidade dura e difícil que pessoas não LGBTQIA+ não vivenciam. E isso é desconfortável.

Contudo não queremos dizer que você não tenha problemas ou sofrimentos em sua vida. Que você não passe por dificuldades. Não estamos aqui para te atacar, apagar suas vivências, sua história, ou para te transformar em um vilão. Sobretudo, não estamos aqui para dizer que a culpa é sua. A sociedade é assim muito antes de existirmos: estamos retratando o mundo e as estruturas sociais que agem sobre ele, não estamos acusando ninguém.

Ao mostrarmos situações e problemas sociais trazidos pela LGBTfobia, estamos mostrando como muitas pessoas que têm problemas da vida assim como você acabam tendo outras camadas de problemas exclusivamente por serem LGBTQIA+, por serem quem são. Você que não é LGBTQIA+ nunca terá essas camadas de problemas e isso é injusto. Não queremos que você também experimente estes sofrimentos, apenas queremos não sofrer mais por eles. E sua consciência sobre o que ocorre conosco pode nos ajudar.

Então, se sentir esse desconforto, lembre-se: você não está em perigo. Você pode ser a solução. Precisamos de você. Venha conosco!

2.3. Matriz Heterossexual: uma nova tecnologia para nos levar mais longe

Para compreender o que é sexo, o que é gênero e sobre o que nós – pessoas LGBTQIA+ – queremos dizer com esse monte de letras, que cada hora cresce mais, é preciso começar compreendendo que toda conceituação é humana. Toda classificação, denominação ou leitura da realidade é feita pelas pessoas que vivenciam essa realidade, de modo que nada no mundo vem com um conceito predefinido.

O que faz você olhar para duas cores diferentes e considerar que elas não são a mesma? Cor é um conceito humano e a percepção das cores tem relação direta com a história, com a memória e com o aprendizado das pessoas. Mais do que o processamento cerebral das frequências de luz, o que chamamos de cores é uma construção social sobre essa apreensão da realidade.

Não existe nada na natureza que venha escrito "verde" ou "amarelo" (até porque o alfabeto também é uma criação humana); as coisas apenas são verdes ou amarelas. Ocorre que, em determinado momento, algum ser humano olhou para uma planta e aquela característica passou a ser relevante a ponto de precisar ser expressa: "esta folha é verde". A folha sempre foi verde, mas só passamos a notar a sua cor a partir do momento em que isso foi importante. Não apenas alguém notou as diferentes cores, mas também decidiu categorizar essa diferença para poder se referir a ela.

A cor não se tornou critério relevante apenas quando alguém olhou para uma margarida e notou que a pétala era diferente da folha, mas quando esse alguém precisou abordar a diferença de cores entre essas partes da planta com outra pessoa. Se esses sujeitos fossem falar da diferença de sabores, a conversa seria outra e os nomes seriam diferentes.

O que ocorre é que, apenas quando foi necessário falar especificamente da cor enquanto critério de diferença, criaram nomes para as cores que já eram observadas no mundo.

Portanto, foi apenas no momento em que a diferença de cores se tornou relevante socialmente que passou a existir a necessidade de abordá-la. É o velho ditado: se todo mundo enxergasse preto e branco, não precisaríamos do amarelo ou do verde.

Isso significa que culturas diferentes possuem nomes e classificações diferentes para as cores. Você sabia que a cultura Inuíte (vulgarmente denominada esquimó) possui mais de cem palavras para se referir à cor branca? Se você acha o termo *"off white"* um exagero dos estilistas, certamente a existência de mais de cem tons de branco é chocante. Até entendermos que talvez, se vivêssemos na neve, os diferentes tons de branco poderiam ser determinantes para a nossa sobrevivência: fugir de predadores, não pisar em gelo quebradiço e encontrar comida.

"Mas por que isso é importante para entendermos o que é esse universo LGBTQIA+?", você deve estar se perguntando. Porque passaremos a abordar a nossa forma de ver e analisar a realidade e, para isso, precisamos que você esteja aberto para a possibilidade de que nós apresentemos 99 tons de branco que você não vê, mas que, para nós LGBTQIA+, são todo o colorido de nossas bandeiras.

Em termos mais práticos, precisamos que você tope apertar o botão "pause" em tudo que já aprendeu sobre ser homem e mulher, sobre sexualidade e o papel de cada um na sociedade. Não porque o que você aprendeu esteja errado ou que suas vivências sejam inválidas, mas porque queremos te mostrar que há mais componentes nesse mundão do que somente os que aprendemos nas escolas, na televisão, nos jornais e dentro de casa. Por isso, não leia o que vamos apresentar como uma afronta à sua cultura, mas como uma introdução à nossa.

Assim, convidamos você a embarcar conosco nesta viagem à galáxia LGBTQIA+. Pode ser a primeira vez que você vai ao espaço, mas a gente promete: o lançamento do foguete pode balançar um pouco, mas a vista lá de cima é ótima.

2.3.1. Checagem dos motores: o gênero como um sistema

Antes de cogitar alçar voo, precisamos preparar nossa nave checando os motores e os aparelhos. Para que o lançamento seja bem-sucedido, nosso motor deve ser a compreensão de que o gênero é um sistema e não um dado. Portanto, **ninguém nasce mulher, homem, macho ou fêmea**. Como assim?

Assim como as cores, o gênero é um conceito criado pela sociedade; e a verdade é que nada é criado à toa. O gênero é uma forma de organizar e orientar a interpretação humana, principalmente no que diz respeito à esfera reprodutiva e sexual. E essa organização terá efeitos em diversas esferas da vida em sociedade, como, por exemplo, determinar quais arranjos familiares são reconhecidos pelas pessoas e pela lei e os papéis sociais de divisão sexual do trabalho.

Algumas pessoas, muitas delas os astronautas que construíram o didático mapa celeste "Boneco do Gênero" que vimos mais cedo, dizem que o "sexo biológico" seria um dado da natureza, com o qual as pessoas nascem. A utilização do termo biológico para qualificar o sexo tem esse propósito: colocar sobre o termo uma carga de ciência e exatidão que vem com a noção de biologia – uma ciência entendida como sendo de mera observação do mundo natural como ele é.

Em oposição, estaria o gênero, uma construção social, mais complexa, passível de interpretações e diversidades, mais maleável e modificável.

Nesse raciocínio, a pessoa que nasce com vagina é uma fêmea e quem nasce com pênis é um macho. A sociedade é que faz com que a fêmea seja uma mulher, atribuindo uma carga valorativa ao conceito de mulher, da mesma forma como faz com que o macho seja um homem, com a carga valorativa respectiva.

Embora esse raciocínio sirva à problematização das estruturas sociais que designam papéis decorrentes do gênero, ele não descreve integralmente a nossa realidade, portanto é insuficiente, senão equivocado. Assim como as cores, a própria categoria "sexo biológico" é construção conceitual de um sistema de gênero preexistente, e não a base desse sistema, como o raciocínio quer fazer crer.

Aquele raciocínio diz: porque existe o sexo, constrói-se o gênero. E, na realidade, a própria existência do conceito de sexo é decorrente desse sistema de gênero.

Quando um médico olha para um bebê e, a partir da visualização de sua genitália, diz que ele é do sexo masculino, este médico já está operando um sistema de valores, ele não está fazendo uma mera leitura da realidade pura, como se a genitália fosse um dado neutro, uma característica que apenas existe e ponto final.

Este médico é uma pessoa que foi criança, adolescente, adulto. Por anos cresceu, foi criado e educado em um sistema de gênero e faz a leitura da realidade a partir dele. Como explicamos anteriormente, sua cultura o ensinou a chamar as cores de verde e amarelo, assim como chamar um certo padrão de genitália como vagina e outro como pênis.

Assim como as cores não vêm com seus nomes escritos nelas, genitálias não vêm com nomes "pênis" e "vagina" gravados nelas. A apreensão visual daqueles órgãos sexuais já é orientada pelo sistema de gênero.

Toda sociedade tem seu próprio sistema de gênero e, no caso da nossa sociedade, ele se denomina "Matriz Heterossexual" (BUTLER, 2003). Como estamos falando de uma matriz, é importante visualizá-la como um jogo de *stop*, ou adedanha para aqueles que jogam mais profissionalmente. Esta matriz opera em três dimensões: a classificação genital; a identidade ou expressão de gênero; e o conjunto de desejos ou práticas sexuais.

Classificação genital. Historicamente, a classificação genital se construiu pela tradição médica de olharem para uma genitália e, a partir de uma análise imediata, dizerem o sexo daquele corpo, operando uma conclusão a partir de uma perspectiva binária, fixa e visual.

A perspectiva é binária porque compreende apenas a existência de macho e fêmea, de modo que são apenas essas as opções que podem ser feitas a partir da classificação genital. É fixa, porque prevê o sexo como um dado imutável. É visual, porque foi consolidada historicamente com base no olhar para a genital.

Nesse aspecto, é importante ressaltar que, embora o conceito de macho e fêmea esteja contemplado em narrativas genéticas, essas narrativas foram criadas a partir de uma ciência já consolidada nas práticas que eram unicamente visuais. Atualmente, existe uma forma de exame (sexagem fetal) que analisa a presença do cromossomo Y no sangue de gestantes, de modo que teoricamente isso identificaria o nascimento de pessoas do sexo masculino, já que o sexo feminino é aquele identificado pela presença exclusiva dos cromossomos XX.

No entanto, esse olhar, ainda que parta de um exame que identifica uma característica genética, ignora a existência de pessoas intersexo (equivocadamente chamadas de hermafroditas)[1], que podem eventualmente refletir um cromossomo Y sem que isso seja visível na aparência de sua genitália, por exemplo.

Aliás, em relação às pessoas intersexo, até os dias de hoje, é comum que médicos olhem para a genital, escolham deliberadamente a alternativa binária mais próxima (macho ou fêmea) e decidam por aquela pessoa qual será seu sexo – mesmo que haja uma característica genética que teoricamente impusesse uma classificação distinta. As pessoas intersexo são grandes demonstrações da falibilidade desse sistema, e compõem 1,7% da população, ou seja, são numericamente tão presentes no mundo quanto pessoas ruivas. No entanto, nossa sociedade reconhece a existência de pessoas ruivas, mas escolhe ignorar a existência de pessoas intersexo (se lhes impondo uma classificação sexual binária), em prol da manutenção de uma ciência que divide os corpos entre machos e fêmeas.

> O sexo biológico não se refere a uma única característica determinante, e sim a uma série de características que compõe o corpo humano. Entre essas características estão cromossomos, gônadas, genitais, hormônios e características sexuais secundárias (seios, pelos, distribuição de gordura, etc). A ideia do sexo como binário pressupõe que as características "masculinas" e "femininas" estão todas agrupadas dentro das categorias "macho" e "fêmea", categorias essas que não teriam pontos de encontro e intersecção.
> Mas quando observamos os corpos humanos e tentamos enquadrá-los dentro de um binário macho-fêmea de acordo com essas características,

---

[1] O conceito de intersexo será desenvolvido adiante.

> *vemos que vários corpos escapam a essa classificação binária. Entre tais corpos estão os corpos intersexo, que compõe cerca de 1,7% da população, e grande parte dos corpos trans. (SOUZA, 2020)*

Aquilo que entendemos como sexo, portanto, é uma construção histórica, social e cultural. O historiador, sexólogo e escritório estadunidense Thomas Laqueur nos explica, logo no início de seu longo e interessante trabalho sobre a construção histórica do sexo (LAQUEUR, 1992) (tradução livre):

> *Não tenho interesse em negar a realidade do sexo ou o dimorfismo sexual como um processo evolutivo. Porém desejo mostrar, baseado em referência histórica, que quase tudo que se queira dizer sobre sexo – de qualquer maneira que o sexo seja compreendido – já tem em si uma alegação sobre gênero.*

Identidade/expressão de gênero. Considerando que estamos analisando uma matriz, é importante ressaltar que os conceitos abordados são relacionais. Portanto, a identidade/expressão de gênero que se espera de uma pessoa é pensada a partir de sua classificação genital, ou seja: a pessoa denominada fêmea deve se identificar, expressar e comportar como mulher; e a pessoa denominada macho deve se identificar, expressar e comportar como homem.

> *Mas um rápido olhar histórico e antropológico mostra que essa é apenas uma das formas de organizar o gênero, e que há muitas formas de organizá-lo que não dependem de critérios biológicos e que não o organizam em um binário. Quando os europeus chegaram ao território*

> que hoje conhecemos como América do Norte, por exemplo, eles se depararam com mais de 130 povos que reconheciam mais de dois gêneros, com alguns chegando a reconhecer até sete gêneros.
>
> Muitas dessas culturas e formas alternativas de entender o gênero ainda estão vivas, e muitos gêneros tradicionais que fogem do binário homem-mulher são relativamente conhecidos mundo afora. Alguns exemplos são as hijras da Índia e as fa'afafine de Samoa. (SOUZA, 2020)

Saber que a identidade/ expressão de gênero carrega um conteúdo inevitavelmente cultural manifesta, mais uma vez, a falibilidade da matriz heterossexual. A proposta dessa matriz é justamente a de que pessoas com certa característica genital devem necessariamente ser machos ou fêmeas e, portanto, necessariamente se portarem como homens ou mulheres. Essa decorrência lógica não é verdadeira, já que esse dado é também cultural, portanto, não é obrigatório ou inerente à raça humana.

Conjunto de desejos/ práticas sexuais. Retomando o raciocínio de interligação de conceitos em uma matriz, a coluna referente ao conjunto de desejos e práticas sexuais também é relacional às colunas anteriores. Desse modo, a matriz determina que quem é mulher (pessoa com classificação sexual fêmea, que se identifica e se expressa como mulher) deve se relacionar com homens; e que quem é homem (pessoa com classificação sexual macho, que se identifica e se expressa como homem) deve se relacionar com mulheres.

Para facilitar a compreensão, apresentamos abaixo um desenho ilustrativo da matriz heterossexual. Nele é possível evidenciar que a estrutura social apenas aceita comportamentos que sejam lineares. Todo movimento de transversalidade entre as linhas da tabela consiste em prática dissidente, portanto, fora do padrão social.

VIDAS LGBTQIA+

MATRIZ HETEROSSEXUAL

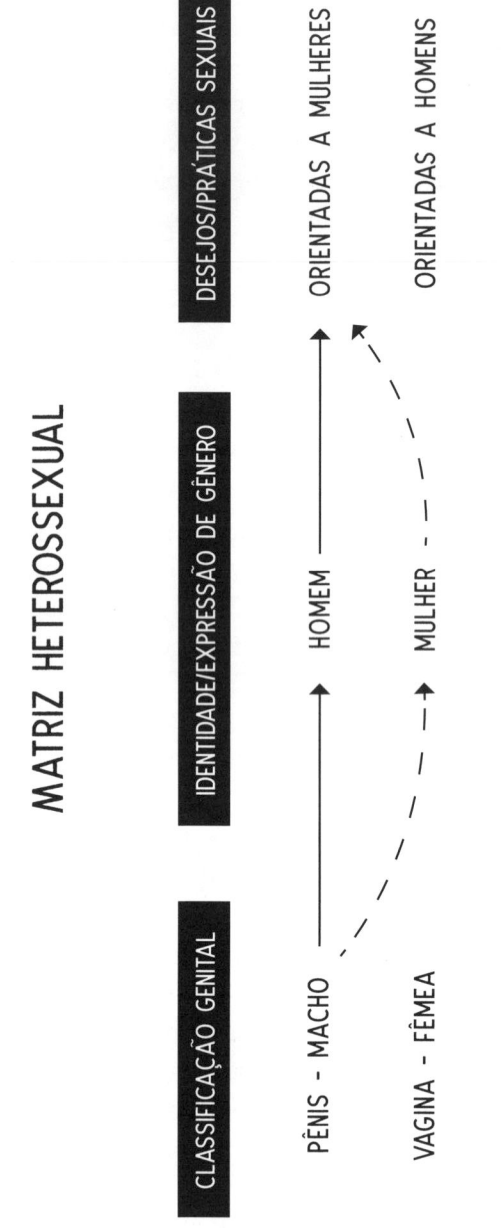

| CLASSIFICAÇÃO GENITAL | IDENTIDADE/EXPRESSÃO DE GÊNERO | DESEJOS/PRÁTICAS SEXUAIS |

PÊNIS - MACHO ⟶ HOMEM ⟶ ORIENTADAS A MULHERES

VAGINA - FÊMEA --⟶ MULHER --⟶ ORIENTADAS A HOMENS

PADRÃO DA SOCIEDADE ⟶

FORA DO PADRÃO DA SOCIEDADE --⟶

O objetivo desta matriz é considerar errado, imoral ou doença tudo que nela não cabe. Assim, ela define nosso padrão social, que é heteronormativo e cisnormativo[2]. Seu resultado prático é a distribuição desigual de poder entre os sujeitos que dela participam e a privação de poder para os sujeitos dela excluídos.

Assim, para que nossa viagem à galáxia LGBTQIA+ seja bem-sucedida, é importante que o motor de nossa nave não seja montado sobre um conceito de gênero que tenha qualquer lastro biológico. Em outras palavras, o conceito de gênero que deve construir nossa noção basilar é aquele que compreende que, embora haja construções sociais, elas não ocorrem por uma diferença sexual dos corpos entre macho e fêmea.

Quer dizer, as desigualdades na distribuição de poder social não existem em razão de uma diferença entre os corpos. Na verdade, nós olhamos para os corpos e os vemos como diferentes porque existe um sistema de gênero – a matriz heterossexual – que assim nos ensina a fazer.

Com essa compreensão, está tudo pronto para o lançamento. Começa a contagem regressiva, motores ligados.

2.3.2. Ignição e subida: rompendo a atmosfera da "normalidade"

Os primeiros momentos da subida deste foguete são os mais difíceis: precisamos romper a atmosfera e lutar contra a gravidade que tenta nos puxar de volta ao que é conhecido. Já obtivemos dicas valiosas com a simulação de voo e com a checagem dos motores. Foi possível aprofundar

---

[2] Os conceitos de heteronormatividade e cisnormatividade serão desenvolvidos adiante.

as bases da nossa construção social e compreender como funciona o mundo que nos é dado.

Agora, é o momento de nomear fenômenos e astros. De nos inspirarmos em tudo aquilo que foi ensinado até então e usarmos essas informações para compreender as construções sociais que existem a partir da lógica em que vivemos. É só com a compreensão específica destas construções que poderemos olhar de forma qualificada para nós e para os outros e, então, estabelecermos o lugar que ocupamos nas sociedades (mesmo as intergalácticas), para que exercitemos a empatia de forma qualificada.

Por mais que demande esforço, através da compreensão dos fenômenos sociais, será possível delimitar com clareza quais são as bagagens que trazemos conosco e, desse modo, visualizar o que podemos deixar de incluir nas nossas malas de viagem – assim, a nave fica mais leve e o impacto do rompimento da atmosfera será bem menor. Nesta subida, vamos compreender os conceitos gerais basilares da heteronormatividade (e conceitos dela decorrentes), da cisnormatividade, da alossexualidade e da monossexualidade.

Heteronormatividade. O próprio nome já sugere o seu significado, pois é a junção de heterossexualidade + normatividade, ou seja, refere-se à heterossexualidade enquanto uma norma. O termo é utilizado para descrever o padrão social que impõe às pessoas que elas sejam heterossexuais, sendo que as demais orientações sexuais são exceções a essa regra.

Desde a gestação de um bebê, as pessoas do seu entorno constroem narrativas de como será a sua vida no futuro, de forma consciente ou inconsciente. Essas narrativas costumam envolver fantasias sobre as namoradinhas ou namoradinhos que existirão. Pensar "que o menino vai dar trabalho" e que viverá rodeado de mulheres. Sobre a menina, envolve pensar nos ciúmes que o pai vai ter dos namoradinhos, pois, na realidade, será uma santa.

Um bebê é uma esperança, um respiro de ar novo, uma vida inteira pela frente. Por isso, é tão comum que as pessoas exercitem essas fantasias sobre o seu futuro. Ocorre que as experiências fantasiadas compõem um futuro heterossexual. Ninguém (ou quase ninguém) traça planos para o seu filho homem pensando no que farão quando ele trouxer o primeiro namorado (também homem) para casa. A expectativa é que o bebê cresça e um dia se torne um homem adulto heterossexual.

Como consequência disso, todas as pessoas que não são heterossexuais experimentam situações de marginalização, de diferentes espécies e gravidades. Um exemplo simples é que pessoas heterossexuais nunca passam pela experiência de ter que declarar sua heterossexualidade, não precisam "sair do armário". Já as pessoas LGBTQIA+ passam por um processo aterrorizante de contar à sua família e amigos que são exceções à regra heterossexual, sentindo o medo de serem julgadas, de terem seu modo de vida negado, de perderem o amor ou os laços de afeto com as pessoas que lhe trouxeram ao mundo. Imagine se houvesse uma característica sua que tivesse a capacidade de te fazer ser rejeitado pelos seus pais, e essa característica não fosse algo sobre o qual você tivesse qualquer controle? Assustador, né?

Você pode pensar que, se numericamente existem mais pessoas heterossexuais do que não-heterossexuais, qual seria o problema de a norma funcionar para a maioria quantitativa das pessoas? A isso respondemos que o problema é que uma sociedade justa é aquela que contempla a existência de todas as pessoas. Se formos em menor número, nossa quantidade não deve ser um elemento que justifique vivermos uma vida mais traumática.

Conforme pesquisa realizada pela Associação Brasileira de Gays, Lésbicas, Bissexuais, Travestis e Transexuais, estima-se que o Brasil possui uma população homossexual que compõe aproximadamente 10% da população nacional total. Essa pesquisa não levou em conta as demais orientações sexuais nem a identidade de gênero das pessoas, não sendo suficiente para estimarmos o percentual da população brasileira que é LGBTQIA+, que será, portanto, maior, já que a homossexualidade é apenas um elemento da sigla.

Independentemente disso, ainda que consideremos "meros 10%", isso significa a monta de 20 milhões de pessoas, uma quantidade enorme de gente. Uma imensidão de pessoas vivendo vidas mais difíceis em razão de algo sobre o que não possuem nenhuma agência ou escolha. Apenas para referência, a Holanda tem uma população de 17 milhões de pessoas – ou seja, em termos quantitativos, temos mais de uma Holanda inteira no Brasil que vive pior em razão de sua orientação sexual.

Ainda, é relevante pensar em qual maioria e minoria estamos falando. Se falarmos de maiorias políticas, é incontestável que pessoas não-LGBTQIA+ são maioria. Isso significa que, independentemente da quantidade de gente, são pessoas cis-heterossexuais que detêm as estruturas de poder da nossa sociedade, que são maioria dentro do mercado de trabalho formal, nos cargos de chefia ou liderança, nas sociedades empresárias e, consequentemente, nas instâncias políticas. São mais vereadores, deputados, senadores, prefeitos, governadores e presidentes (até porque nunca tivemos presidente assumidamente LGBTQIA+ no Brasil).

A heteronormatividade faz com que, mesmo que 10% da população brasileira seja homossexual, não vejamos essa representação em todas os espaços e instâncias de poder.

A heteronormatividade impõe a exclusão e o apagamento de vidas que não sejam heterossexuais, tornando sua existência desafiadora, por demandar viver em um mundo integralmente pensado por e para pessoas heterossexuais.

Heterossexualidade compulsória. É um conceito derivado da heteronormatividade. Como o próprio nome sugere, trata-se da "obrigatoriedade de ser heterossexual", da heterossexualidade enquanto algo que a cultura força em nós, ou seja, da crença de que somos heterossexuais, mesmo que não sejamos.

Como a sociedade apenas dá validade a sentimentos e experiências heterossexuais, é muito comum que pessoas não-heterossexuais suprimam ou não compreendam o desejo que possuem por pessoas do mesmo gênero e construam toda uma vida, se casem, tenham filhos, para apenas depois "descobrirem" que possuem desejo ou afetividade por pessoas do mesmo gênero.

No afã de cumprir com expectativas sociais e por causa de uma educação orientada pela heterossexualidade compulsória, é comum que sentimentos diversos – como admiração, amizade, cumplicidade, vontade de ser aceito, euforia em ser desejado - sejam interpretados como desejo sexual.

Para as pessoas não-heterossexuais, é recorrente relatarem vivências de heterossexualidade compulsória, ou seja, de, por um período de tempo, acreditarem que eram heterossexuais, até descobrirem ou compreenderem o sentimento de desejo ou afeto por pessoas do mesmo gênero, de modo que esse fenômeno não está restrito às pessoas que demoram anos para saírem do armário, ou que nunca saem dele.

Falocentrismo. Também relacionado com a heteronormatividade, o falocentrismo é, como o próprio nome sugere, uma forma de pensamento e visão de mundo centrada no falo (outro nome para pênis). Por essa lógica, sendo o pênis o elemento central, as relações sexuais que não o envolvam deixam de ser identificadas como sexo. É aquela história de que sexo oral e masturbação são preliminares, mas não "sexo de verdade", pois, para ser "sexo de verdade" precisa ter penetração por um pênis orgânico – nesse caso, o falocentrismo não valida a penetração com dildos, consolos, vibradores, pênis de borracha etc.

Falo e pênis são duas coisas diferentes. O pênis é um órgão genital. O falo é um símbolo, um conjunto de valores e ideais relacionado ao órgão genital. Esses ideais reproduzem a matriz heterossexual de que tratamos anteriormente, uma lógica que diz que apenas homens podem ter pênis e que todos aqueles que têm pênis devem ser homens.

Dizendo de maneira mais evidente, o problema não é ter um pênis, ou, ainda, ser um homem que tem pênis. O problema é o falo: a simbologia que o pênis carrega e sua representação em nossa sociedade. Portanto, não estamos aqui fazendo um discurso de rejeição ao pênis, nem às pessoas que possuem pênis (até porque, veremos, pênis não é sinônimo de homem), mas de rejeição a como a sociedade se apropria desse signo e, portanto, o que ele passa a representar.

O falocentrismo sustenta lendas anticientíficas como a teoria freudiana da inveja que as mulheres sentem do pênis, e como as ideias de que "homens de verdade jamais brocham" ou que "quem usa vibrador é obcecado por pintos". Ele cria uma falsa necessidade de "preencher" o que nunca esteve vazio. Ele diz que os corpos são sexualmente "ocos" quando não têm um pênis orgânico para penetrá-los, tal como o pênis seria "inútil" sem um buraco para penetrar.

O falocentrismo se relaciona com a heteronormatividade (e também com a cisnormatividade, como veremos adiante) na medida em que estabelece o elemento de poder da relação pênis-vagina. O falo, enquanto elemento simbólico, tem o objetivo de criar uma relação desigual entre esses órgãos genitais, ao mesmo tempo que coloca essa relação como a única possível.

Assim, para o falocentrismo, qualquer relação que não se encaixe nesta premissa seria inconcebível: dois pênis, duas vaginas, órgãos que não se encaixam em padrões binários, vivências sexuais de nenhuma penetração ou outras experiências sexuais que superem a noção de dominação. Quer dizer, as experiências sexuais LGBTQIA+, em razão do seu potencial de superação deste elemento simbólico de dominação, são fundamentalmente dissidentes da norma.

Como consequência de querer sempre estabelecer uma relação de dominação, mesmo em relacionamentos entre homens ou relacionamentos entre mulheres, o falocentrismo determina que deve subsistir a lógica da dominação. Assim, sempre uma das pessoas vai desempenhar o papel do "homem da relação" (papel de dominação) e a outra pessoa vai exercer o papel da "mulher da relação" (papel de submissão).

Para além do evidente problema na colocação de que o homem domina enquanto a mulher é submissa, vemos que esse raciocínio tenta medir com uma régua de heterossexualidade uma relação que não é heterossexual. É como se tentássemos encontrar o lado de um círculo: os círculos não têm lado. É como tentar medir o peso de uma pessoa em metros quadrados, a velocidade de um carro em volts ou o volume de um tanque em quilômetros por hora.

Perguntar a um casal de homens ou a um casal de mulheres "quem é o homem da relação?" seria a mesma coisa que perguntar quantos metros um elefante pesa. Não faz nenhum sentido.

Abaixo, vemos uma imagem que explica bem como essa lógica heteronormativa e falocêntrica não se aplica a pessoas que não são heterossexuais:

eai, quem é o garfo da relação?!

Nesta imagem, vemos a representação de dois casais. Um casal formado por um garfo e uma faca e um casal formado por dois hashis (vulgarmente conhecidos como os "palitinhos" que são talheres em algumas culturas, principalmente asiáticas). O casal formado por garfo e faca pergunta ao casal de hashis quem seria o garfo da relação e os hashis ficam sem entender a pergunta. Ambos os conjuntos de talheres servem ao mesmo propósito: alimentação. No entanto, operam de maneiras diferentes: para o garfo e a faca, um segura a comida, o outro corta, um empurra a comida para cima do outro, que a leva até a boca; para os hashis, ambos servem para agarrar a comida e levar até a boca.

Não faz sentido querer que hashis se comportem como garfos ou facas, porque eles não são constituídos para tanto. O que importa é que também são talheres e funcionam perfeitamente para este propósito. Até porque, nos locais onde a comida é consumida por hashis, ela já é preparada e porcionada de modo que não seja necessário cortar nada. Nessa analogia, nossa sociedade poderia funcionar como as sociedades dos locais em que se come com hashis: preparar os cidadãos para aquela prática, ou seja: se nossa sociedade estivesse preparada para enxergar as relações para além do padrão heteronormativo, não haveria estranheza com casais não-heterossexuais na rua.

Cisnormatividade. Termo utilizado para descrever o padrão social que impõe a cisgeneridade, ou seja, que impõe a uma pessoa que esteja de acordo com a classificação genital que fizeram a respeito dela no nascimento – ou até antes, no ultrassom e demais exames que dizem o "sexo biológico" do bebê.

A pessoa cisgênero – ou, como chamaremos no decorrer deste livro, **pessoa cis** - é aquela que, tendo nascido com vagina, foi designada pelos médicos como sendo "do sexo feminino", ou tendo nascido com pênis, foi designada pelos médicos como sendo "do sexo masculino" e, ao longo da vida, concorda com essa designação. A pessoa que não é cis, ao longo da vida passa a discordar do que os médicos disseram quanto ao seu "sexo biológico", como é o caso, por exemplo, da pessoa que nasce com vagina, é chamada de mulher pela sociedade, mas, ao crescer, se entende enquanto homem trans.

A cisnormatividade, portanto, é a imposição social que faz com que um médico olhe para uma vagina e fale para a mulher que pariu: "parabéns, é uma menina".

Nesse sentido, o padrão cisnormativo impõe que quem nasce com vagina é necessariamente mulher e quem nasce com pênis é necessariamente homem, antes mesmo daquela pessoa saber o que essas palavras significam. É a expectativa e a presunção, a partir do órgão genital de uma pessoa, de que ela vai crescer e ter características "condizentes" com aquele órgão, por exemplo, que quem tem vagina é mulher e, portanto, terá a voz mais aguda, poucos pelos no corpo, ombros e rosto mais finos e delicados, cabelos longos etc.

A verdade, porém, é que essa regra é social e não está inscrita em lugar algum da natureza. As vaginas não possuem em sua estrutura molecular a palavra "mulher" inscrita nelas – lembra das cores?

Nada garante que uma pessoa que nasceu com vagina vá se tornar mulher e nem que uma pessoa que nasceu com pênis vá se tornar homem. Mais ainda, nada garante que a pessoa que nasceu com vagina vá ter a voz aguda, os cabelos longos, o rosto fino e traços delicados. Todas as características físicas atribuídas às mulheres, inclusive a vagina, são frutos da vida em sociedade e não um dado natural ou uma certeza da natureza.

Você poderia perguntar: mas e os hormônios que acompanham todo o sistema reprodutivo e sexual? Não dá para negar que uma pessoa com vagina vá ter certos hormônios, não é mesmo? Na verdade, dá para negar, como explicaremos melhor ao falar de existências intersexo. Porém, independentemente disso, dar nome a certos hormônios, dizendo que são femininos ou masculinos, é uma escolha social.

É importante ressaltar que não estamos aqui com o objetivo de negar a ciência. Reconhecemos que existem hormônios e que eles possuem funções corpóreas diversas, inclusive muito maiores do que apenas as funções sexual e reprodutiva. Entretanto, reduzir a existência humana à frase famosa de que "o ser humano nasce, cresce, se reproduz e morre" é negar toda a complexidade da nossa espécie. Não somos meras máquinas reprodutoras. Não somos um mero amontoado de células que faz uma série de reações químicas. Somos pessoas, temos religiões, sentimentos, vivências, instintos, vontades, tradições, culturas, jornadas etc.

Enfim, é importante, sim, analisar todas as reações químicas que existem no nosso corpo. É importante estudar nossos órgãos inclusive a respeito da capacidade de reprodução da espécie. Também somos isso, mas não somos exclusivamente isso.

A ciência está aqui para nos servir e não nos aprisionar. Se aceitamos bem um ser humano prolongar sua vida com o coração de um porco, por que não lidamos bem com o fato de uma pessoa não concordar com um sistema de gênero criado pelo ser humano? É certo que hormônios existem e que eles possuem funções no nosso sistema? É! É certo que somos mais do que isso? Também é!

Assim, quando falamos em uma normatividade cisgênero (ou cisnormatividade), estamos falando de todo esse conjunto de regras e valores que pressupõe que todas as pessoas estejam de acordo com a designação sexual que lhes foi atribuída – o que não dá conta da nossa complexidade humana.

Em decorrência, a sociedade exige das pessoas não-cisgênero que expliquem ou justifiquem a sua identidade de gênero, já que essa identidade desafia a norma. Isso não acontece com pessoas cis, para quem a identificação de gênero não representa algo a que elas tivessem que dedicar explicações ou justificativas diárias. Como as pessoas cis jamais discordaram do gênero que lhes foi atribuído por um sistema, elas não devem grandes explicações.

> *Como é que indivíduos cis que justificam seus gêneros com explicações tão simplistas se acham, com frequência, no direito de nos questionar e exigir que justifiquemos nossos gêneros ou mesmo de negá-los? Isso só é possível quando a vivência de gênero cis é socialmente considerada algo evidente em si mesmo e que não é digno de reflexão enquanto os gêneros das pessoas trans são vistos como algo questionável, possivelmente golpista e que requer uma justificativa.*
>
> *Essa visão a respeito do gênero faz parte da cisnormatividade, sistema que coloca os gêneros cis em uma posição privilegiada e torna tais gêneros a norma social. Essa posição privilegiada de tais vivências se deve à uma noção sobre o gênero que vê na vivência de pessoas cis uma suposta coerência que não seria encontrada na vivência de pessoas trans. (SOUZA, 2020)*

É como se a cisgeneridade concedesse uma resposta fácil e óbvia de que, se fulano nasceu com um pênis, ele é um homem – quando, na realidade, isso é um sistema de valores e não um dado.

Alonormatividade. É o termo utilizado para descrever o padrão social que impõe às pessoas que elas sejam alossexuais, ou seja, não-assexuais. Alossexual é o termo utilizado para descrever toda pessoa que conta com a presença constante de desejo sexual, independentemente desse desejo ser romântico ou não. A presença do desejo sexual é tida como norma e, inclusive, uma questão de saúde. É dizer: a sociedade demanda que todas as pessoas sintam desejo sexual ou romântico e aqueles que não sentem são tidos como doentes.

Ocorre que não há nada que imponha que uma pessoa deva ter desejo sexual ou romântico. Como dissemos, as pessoas não nascem apenas para crescerem, se reproduzirem e morrerem. Elas podem nascer para viver as mais diversas experiências.

Demandar que alguém tenha que sentir desejo sexual e romântico para não ser doente não é apenas um limitador da dimensão humana, mas é um elemento que coloca as relações afetivas e sexuais na centralidade da vida humana, o que não é necessariamente verdade.

Mononormatividade. É o termo utilizado para descrever o padrão social que impõe às pessoas que sejam monossexuais, ou seja, que se relacionem sexual e/ou romanticamente exclusivamente com pessoas de um determinado gênero. Pessoas monossexuais são pessoas heterossexuais ou homossexuais. Pessoas monodivergentes (pessoas não-monossexuais) são, exemplificativamente, pessoas bissexuais, pansexuais e polissexuais.

A monossexualidade quase nunca é debatida enquanto padrão social, sendo escanteada dos debates LGBTQIA+. Isso ocorre porque a estrutura social impõe o apagamento da monodivergência, o apagamento da multiplicidade de desejos sexuais e de afeto que podem existir dentro de uma pessoa só. A sociedade enxerga a orientação sexual de uma pessoa a partir do dado de com quem essa pessoa está se relacionando naquele momento, que é um dado estático e não é capaz de revelar a totalidade da orientação sexual daquele indivíduo.

Para simplificar, utilizaremos o exemplo de casais na rua. Quando observamos casais passeando de mãos dadas na rua, concluímos que: se forem dois homens, são gays; se forem duas mulheres, são lésbicas; se for um homem e uma mulher, são heterossexuais. Ocorre que as seis pessoas mencionadas no exemplo podem ser bissexuais ou assexuais e isso sequer passa pela cabeça do observador desatento. É isso que queremos dizer quando falamos que o padrão monossexual passa despercebido: a sociedade está tão acostumada com ele, que sequer cogita que existem mais do que apenas homossexuais e heterossexuais.

HOMEM + HOMEM
=
GAY + GAY

PODEM SER BISSEXUAIS, ASSEXUAIS

É por isso que não é correto falar em relacionamentos gays, lésbicos ou em relacionamentos heterossexuais. Da mesma forma, não podemos dizer que um beijo é gay, lésbico ou heterossexual. Pois relacionamentos e beijos são atos despersonificados, atos que as pessoas realizam e, como tal, não possuem sexualidade em si mesmos. As pessoas possuem sexualidades e não as coisas ou suas ações.

Ninguém acorda e pensa "nossa, que dia lindo para dar um beijo lésbico!". As pessoas apenas acordam e dão beijos, que podem ser beijos entre homens, entre mulheres, entre homem e mulher, entre pessoas sem gênero, enfim, a mensagem é: qualifiquem a sexualidade das pessoas e não a sexualidade de atitudes ou coisas.

Além de apagar a existência de quem é monodivergente, o padrão monossexual impõe a bissexuais/pansexuais/polissexuais a leitura de que se atrair por mais de um gênero é um excesso, uma "indecisão", é sinônimo de promiscuidade, é uma fase no caminho até a homossexualidade, é uma tentativa de chamar atenção. Este padrão trata as orientações monodivergentes como identidades irreais ao estabelecer que o ser humano sempre vai ter uma preferência, deslegitimando a possibilidade de gostar de mais de um tipo de pessoa.

Embora as pessoas bissexuais estejam representadas na sigla LGBTQIA+, geralmente pessoas monodivergentes não são totalmente aceitas dentro do próprio movimento LGBTQIA+, já que são entendidas como «infiltradas» da heterossexualidade. No mesmo sentido, tampouco são aceitas no mundo heterossexual, já que não são heterossexuais. Como consequência, essas pessoas vivem em um não-lugar, sem pertencimento, nem mesmo nos locais em que deveriam ser acolhidas.

Estruturalmente, isso ocorre porque a existência de monodivergentes ameaça a estabilidade dos conceitos de heterossexualidade e de homossexualidade. A partir do momento em que as pessoas podem se interessar por mais de um gênero ou independentemente do gênero do parceiro ou da parceira, ninguém mais consegue garantir que é heterossexual. Estar envolvido com alguém de outro gênero deixa de ser garantia de heterossexualidade.

É como no exemplo dos casais: a monodivergência existe, independentemente da aparência das relações.

Se a sociedade parasse de presumir que um homem é heterossexual por estar com uma mulher, como ele comprovaria que é hétero? Para a heteronormatividade, isto é assustador. O medo de ter sua sexualidade colocada em xeque traz a necessidade de apagar as orientações monodivergentes – pois, se elas não forem vistas, não existem e, se não existirem, não ameaçam a estabilidade da monossexualidade.

As pessoas homossexuais, em contrapartida, conquistaram seus direitos através da equiparação aos direitos civis de pessoas heterossexuais, ou seja, o casamento, o reconhecimento da maternidade e da paternidade, o registro de filhos, a herança etc. Assim, a bissexualidade/pansexualidade/polissexualidade acaba por ameaçar também a homossexualidade. É como se os homossexuais não quisessem ser comparados com uma «brincadeira de ser bissexual». Para conquistar seus direitos, foi tão necessária aos homossexuais a narrativa de que não escolhem ser como são, que a aparente volatilidade e fluidez de ser bissexual/pansexual/polissexual a colocam em xeque.

O que podemos identificar como elemento comum a todas as normatividades que apresentamos até agora é justamente o fato de serem normativas, isto é, de imporem à sociedade um certo padrão de comportamento que é considerado normal, trazendo sofrimento a todas as pessoas que não se enquadram.

Tudo que é normal pressupõe a existência do anormal. Se pessoas hétero, cis e monossexuais se colocam como normais, tudo o que não for como elas será anormal. São essas noções de normalidade que mais nos puxam de volta para o chão enquanto nossa nave tenta subir. Compreender seus mecanismos nos permite lutar contra eles e romper a atmosfera.

3. Corpos celestes: conceitos de gênero e sexualidade

Na galáxia LGBTQIA+, descobrimos novos corpos celestes todos os dias. Isso porque a experiência humana é história em construção, se expande e se reinventa. Às vezes, recortamos partes do céu para chamar de constelações, mas esses recortes podem se alterar com o tempo e a depender do ponto de vista. Vamos voar por aqui pelas estrelas e planetas que conhecemos hoje, mas é sempre bom lembrar que, se continuarmos a voar, mais iremos descobrir.

3.1. Orientações sexuais

Conceito que diz respeito às relações afetivas e sexuais de um indivíduo. É o que erroneamente ainda é chamado de "opção sexual" – mas a comunidade LGBTQIA+ não gosta desse termo, pois dá a entender que as pessoas optam por serem LGBTQIA+, o que não é verdade. Em uma sociedade tão preconceituosa, que nos rejeita e exclui, em que ser quem somos pode significar um risco à vida, como dizer que optamos por isso?

A orientação sexual vai analisar os aspectos romântico, sexual e afetivo da vida de uma pessoa – inclusive a ausência deles. De modo simples, enquanto o nosso gênero diz quem somos, nossa orientação sexual diz como e com quem nos relacionamos (se é que nos relacionamos).

Assexual: pessoa que nunca ou quase nunca sente atração sexual e/ou romântica. Muitos assexuais se colocam como "indiferentes ao sexo", ou seja, não é que tenham, necessariamente, uma repulsa à relação sexual, mas tampouco tratam o sexo como um grande objetivo, ou com a relevância que as pessoas alossexuais (pessoas não-assexuais) costumam tratar.

Para muitas pessoas assexuais, o sexo e/ou as relações românticas simplesmente não são relevantes o suficiente ao ponto de definir suas orientações sexuais. Para elas, não é o sexo e/ou as relações românticas que definem como se operam suas identidades afetivas no mundo. A contraparte das pessoas assexuais são as pessoas alossexuais – dentre as quais citamos, exemplificativamente, as pessoas bissexuais, homossexuais e heterossexuais.

O fato de as pessoas assexuais não orientarem uma parte considerável de suas vidas com base nas relações sexuais e/ou românticas significa dizer que jamais fazem sexo? Não. Pessoas assexuais podem fazer sexo, podem inclusive gostar das práticas sexuais que realizam. Ocorre que, diferentemente das pessoas alossexuais, que podem fazer sexo apenas por sentirem vontade, as pessoas assexuais costumam ter mais motivos, além da própria vontade sexual, pelos quais realizam atividade sexual.

O questionamento importante que é trazido a partir da validação da assexualidade é o de que os seres humanos (assexuais ou não) decidem deliberadamente e com consentimento o tempo todo sobre fazer sexo, pelos mais variados motivos: para experimentar, para se enturmar, para satisfazer desejos de outras pessoas, para prostituição, para pornografia etc. Isso significa que, além da satisfação da própria lascívia, existem diversos motivos que levam uma pessoa a fazer sexo – e esse é o ponto: o desejo sexual não é o motor da orientação sexual da pessoa assexual.

É importante ressaltar que pessoas assexuais são diferentes de pessoas que possuem disfuncionalidades sexuais. As pessoas com disfunções de inibição sexual ou desejo sexual hipoativo sentem um profundo desconforto, sofrimento e mal-estar relacionados à falta de vontade de fazer sexo. Já as pessoas assexuais não se ressentem, não se angustiam e não vivem em sofrimento por não quererem fazer sexo. São pessoas que, muitas vezes, não têm interesse por sexo e/ou relações românticas, que não pensam em sexo e/ou relações românticas, que não fantasiam e que não se mobilizam para uma atividade sexual e/ou romântica.

Pessoas assexuais podem ser divididas em alguns grupos, que refletem justamente a multiplicidade de formas de assexualidade, bem como de fatores que ensejam a prática sexual ou a ausência da prática sexual.

Assexuais românticos são aqueles que, embora não tenham interesse em práticas sexuais, possuem interesse em se relacionar romanticamente com outras pessoas. Não é só porque uma pessoa não deseja fazer sexo, que ela não quer amar e ser amada. Vale destacar que, caso a pessoa assexual seja romântica, ela pode ser heterorromântica (se o interesse romântico for por pessoa de outro gênero), homorromântica (se o interesse romântico for por pessoa do mesmo gênero), birromântica (se o interesse romântico for independente do gênero).

Em oposição, existe uma parcela de assexuais que são *arromânticos*, que são as pessoas que podem ter interesse sexual, mas não possuem interesses românticos nem sentem falta de tê-los.

Demissexuais representam uma parcela das pessoas assexuais que chegam a sentir atração sexual, mas apenas após a construção de um grande e intenso sentimento romântico, ou após a construção de um forte vínculo afetivo ou de admiração.

Existem outros tipos de assexualidade, mas decidimos informar alguns, exemplificativamente, pois reforçam o conceito passado de que existem diversos motivos pelos quais as pessoas fazem sexo, que não apenas o desejo sexual.

Bissexual: pessoa monodivergente que se atrai afetivo-sexualmente por mais de um gênero. Sua contraparte são os monossexuais, pessoas que se atraem por um gênero e mais nenhum (homossexuais e heterossexuais).

Pansexual: pessoa monodivergente que se atrai afetivo-sexualmente por pessoas independentemente do seu gênero. Gênero não é um critério relevante para orientar a atração afetivo-sexual de pessoas pansexuais.

Polissexual: pessoa monodivergente que se atrai afetivo-sexualmente por dois ou mais gêneros, mas não todos.

Homossexual: pessoa monossexual que se atrai exclusivamente por pessoas de gênero igual àquele com o qual se identifica. No Brasil, a homossexualidade é marcada pelas identidades "gay" e "lésbica", sendo "gay" o homem que se atrai afetivo-sexualmente exclusivamente por homens e "lésbica" a mulher que se atrai afetivo-sexualmente exclusivamente por mulheres.

Heterossexual: pessoa monossexual que se atrai exclusivamente por pessoas de gênero diferente daquele com o qual se identifica.

3.2. Identidades de gênero e noções interligadas

É a identificação do indivíduo em relação ao seu gênero. Sendo o gênero um sistema de classificação criado pelas pessoas, a identidade de gênero é a forma como a pessoa se identifica, a partir e dentro desse sistema. Essa identidade pode ou não coincidir com o gênero que foi atribuído ao indivíduo quando de seu nascimento, como veremos abaixo, mas que já abordamos ao debatermos a cisnormatividade. É importante ressaltar que o gênero e a orientação sexual são dimensões diferentes e que não se confundem, conforme pudemos aprender com o mapa "Boneco do Gênero". Pessoas trans podem ser heterossexuais, lésbicas, gays, bissexuais, pansexuais, polisseuais, assexuais, tanto quanto as pessoas cisgênero.

Cisgênero: conceito que abrange as pessoas que se identificam com o gênero que lhes foi atribuído no nascimento, antes dele (por meio de exames gestacionais) ou no início da sua infância. Exemplo: pessoa que nasceu com pênis, foi designada como homem ao nascer (pelo médico e pela sociedade) e concorda completamente com isso ao longo da sua vida; sente que "homem" é uma definição que lhe contempla.

Transgênero e transexual: são conceitos relativos às pessoas que não se identificam com o gênero que lhes foi atribuído no seu nascimento, antes dele (por meio de exames gestacionais) ou no início da sua infância. Exemplo: pessoa que nasceu com pênis, foi designada como homem ao nascer (pelo médico e pela sociedade) e destoa disso ao longo da sua vida.

Costumava-se dizer, equivocadamente, que a pessoa transexual seria a pessoa trans que deseja modificar seu corpo – passar por cirurgias de redesignação sexual e tratamentos hormonais, dentre outras características. Ao nosso ver, essa noção, embora tenha sido popularizada dessa forma, é errada e se embasa justamente na dicotomia entre sexo e gênero (do mapa "Boneco do Gênero"), que acreditamos ser, senão errada, insuficiente para abarcar todas as existências humanas.

Há aqueles que defendem que o termo "transexual" vem caindo em desuso por causar confusão entre gênero e sexualidade em decorrência de seu sufixo "sexual", e também por ter sido um termo muito usado pela medicina institucional para enquadrar pessoas Trans em categorias patológicas. Em contrapartida, há muitos movimentos que ainda o utilizam por entenderem que o termo transgênero seria uma forma de tentar "higienizar" a identidade Trans, ao afastá-la do campo da sexualidade.

Embora compreendamos que ser Trans não é um campo afeto à sexualidade, mas à identidade de gênero, preferimos não assumir a postura de criticar ou defender essas categorias, mas apenas de pontuá-las e ressaltar que ambas possuem mais críticas e defesas do que apenas as apresentadas.

Ao fim e a cabo, sabemos que essas definições decorrem de movimentos sociais e de lutas e que, portanto, podem assumir diversas vicissitudes com o decorrer do tempo. De todo modo, percebemos uma tendência atual de autorreferência desses sujeitos como "pessoas Trans" ou "pessoas T".

Uma informação importante e que pode ser um pouco confusa para quem está começando a entender esses conceitos agora é a forma como se deve referir às pessoas T. Como o intuito da comunicação inclusiva é a validação das diversas identidades de gênero, o primeiro ponto relevante sobre a denominação é o de respeitar o nome que a pessoa T informar – ainda que, eventualmente, o nome seja diferente em documento pessoal. Esse conceito do nome pelo qual a pessoa T prefere ser chamada é o conceito juridicamente denominado de "nome social".

Se nós chamamos a Xuxa pelo nome Xuxa e não por Maria da Graça; se chamamos Zeca Pagodinho por esse nome e não por Jessé Gomes; não conseguimos pensar em um motivo plausível para não respeitar o nome que a pessoa T informa – especialmente considerando que o motivo da troca de nomes do artista é relativamente fútil, se comparado ao motivo que leva as pessoas T a "trocarem de nome".

Caso você esteja redigindo ou preenchendo algum documento importante, no qual o nome escrito tenha que manter relação com o nome constante no documento apresentado pela pessoa T, e a pessoa T ainda não tenha tido tempo ou não tenha conseguido retificar o nome no documento, basta identificar o "nome social" seguido da informação, entre parênteses, do nome constante no RG, no seguinte modelo:

> **DOCUMENTO IMPORTANTE**
>
> EU, **NOME SOCIAL (NOME NO RG)**, BRASILEIRO(A), PORTADOR DO RG Nº _____, DECLARO QUE ACEITO OS TERMOS DESTE DOCUMENTO.

A respeito de quais pronomes devem ser utilizados e, retomando a lógica de uma comunicação inclusiva, o gênero declarado pela pessoa é aquele que deve flexionar os pronomes, substantivos e adjetivos. Assim, se estamos falando, por exemplo, de uma mulher trans, como a identidade dela é feminina, ela deve ser tratada no feminino. Se estamos falando de um homem trans, como a identidade é masculina, ele deve ser tratado no masculino.

No mais, caso você tenha alguma dúvida, existe uma regra que quase nunca falha: pergunte para a pessoa como ela gostaria de ser chamada e quais pronomes você deve utilizar para se referir a ela.

Travestilidade – identidade culturalmente específica: são travestis as pessoas que vivenciam papéis de gênero femininos, embora não se reconheçam como homens ou como mulheres, mas como pertencentes a um terceiro gênero ou a um não-gênero. É importante saber, no entanto, que a maior parte das pessoas que se identifica com a travestilidade prefere o tratamento no feminino, de modo que a denominação no masculino pode ser considerada um insulto.

O termo travesti já foi considerado depreciativo, pois historicamente foi utilizado para designar pessoas T que não tinham condições financeiras que lhes permitissem acessar desígnios considerados femininos pela nossa sociedade, desde manicures, perucas ou penteados e tratamentos capilares, roupas e sapatos, até terapias hormonais, cirurgias de adequação de gênero, implantes de silicone etc. A travesti, nesse sentido, era lida como "o homem que não conseguiu virar mulher", como a pessoa T imperfeita, que não alcançou o mundo ideal, que seria se parecer com uma pessoa cis. Assim, o termo carregava essa conotação pejorativa.

Com o tempo, o termo ganhou um forte viés socioeconômico, tendo sido adotado como um signo de combate e de resistência ao padrão cisnormativo da sociedade. Isso porque ter semelhança com uma pessoa cis não é nem deve ser um ideal de corpo ou o corpo tido como correto para a população T – querer parecer uma pessoa cis nada mais é do que o resultado de vivermos em uma sociedade cisnormativa. É claro que se a pessoa trans quiser se parecer com uma pessoa cis, ela deve ser livre para tanto. Porém, isso não pode ser uma imposição ou forma de ofender as pessoas T.

Atualmente, o termo travesti é marcado por um forte teor político. A travestilidade é em si uma bandeira e carrega consigo um horizonte de esperança para que o mundo não precise se modelar com base em um sistema de gênero cissexista que aprisiona as pessoas. Todos os termos podem ser ressignificados: isso aconteceu com o termo "sapatão", que é atualmente reivindicado por mulheres lésbicas e bissexuais.

A travestilidade escancara para a sociedade que não existe corpo certo e corpo errado. Que ser uma pessoa T não deve significar o desejo de ter um corpo correspondente a um ideal de gênero. Que os ideais de gênero são inventados e não devem existir para impor nada a ninguém. Que a ciência traz a possibilidade de nos modificarmos e que isso existe para nos libertar e não aprisionar.

Intersexo: é o termo geral adotado (em substituição ao termo pejorativo e equivocado "hermafrodita") para se referir a uma variedade de condições genéticas e/ou somáticas com que uma pessoa nasce, apresentando uma anatomia reprodutiva e sexual que não se ajusta às definições típicas e binárias de "macho" e "fêmea". Essas definições são o que chamamos de padrão endossexual – pessoa cujo órgão genital corresponde à divisão binária mencionada.

As pessoas intersexo nascem com o aparelho reprodutivo com um conteúdo genético não condizente com a definição do "sexo biológico" masculino ou feminino – inclusive, é por causa disso que repudiamos a utilização desse termo, já que, mesmo biologicamente, existe mais do que só "macho" e "fêmea".

A variação que a pessoa intersexo tem no padrão cultural "masculino" ou "feminino" pode se referir às configurações dos seus cromossomos, à localização dos seus órgãos genitais (testículos que não desceram, pênis demasiado pequeno ou clitóris muito grande, final da uretra deslocado da ponta do pênis, vagina ausente etc.), à coexistência de tecidos testiculares e de ovários, enfim, não existe apenas uma forma de ser intersexo.

Politicamente, o grupo composto por pessoas intersexo tem se mobilizado cada vez mais para que a intersexualidade não seja tida como uma patologia, mas como uma variação do padrão social "macho" ou "fêmea". Isso porque, quando os médicos verificam a presença da intersexualidade, submetem o recém-nascido a cirurgias "reparadoras", que buscam "adequar" aquele órgão genital ao padrão endossexual (HUGHES, 2006), de acordo com o que parece ser predominante de acordo com a observação (GREENBERG, 1999), de maneira a encontrar seu "sexo verdadeiro" (REIS, 2012).

Se o gênero é uma forma de classificação social das pessoas e das coisas, assentada em um suposto dado biológico imutável que é "homens têm pênis e mulheres têm vaginas", a existência de pessoas intersexo demonstra imediatamente o caráter irreal dessa constatação – colocando em risco toda a estabilidade do conceito de gênero enquanto um sistema de classificação social, já que a classificação é ineficaz.

A sociedade opta por mutilar um órgão genital perfeitamente funcional, que veio da natureza daquela forma, apenas por acreditar ser inconcebível a existência de mais entre o céu e a terra que machos e fêmeas. E não estamos falando de um procedimento simples. Para decidir qual vai ser o "sexo biológico" da pessoa, são realizados exames genéticos, e um conjunto de médicos, os pais e geneticistas decidem pela realização da cirurgia "reparadora", em geral a partir de olhares enviesados e preconceituosos a respeito de gênero e sexualidade (CARPENTER, 2018).

E essa mutilação genital, além de causar problemas de autoestima para a vida toda (pela estigmatização de ser taxado como "hermafrodita", anormal) e barrar o conhecimento da pessoa sobre seu próprio corpo, pode trazer consequências como "menino que começa a menstruar na adolescência", ou "a menina que nunca menstrua" e tem que passar pela experiência de ver seu corpo se desenvolver de forma diferente daquela que é ensinada nas aulas de educação sexual, ou de forma diferente das colegas de classe na escola; sendo que sempre foi sobre algo que poderia ter sido naturalizado desde o nascimento.

É claro que aqui não estamos falando dos casos em que cirurgias são necessárias para garantir a funcionalidade dos órgãos, como, por exemplo, casos em que a uretra é bloqueada e a criança não conseguiria fazer xixi. Estamos falando dos casos em que há mutilação para readequação do formato a partir da classificação genital, que é fixa, binária e visual. Nesses casos, a cirurgia é realizada sem que a vida ou a saúde da criança estejam em risco.

Drag queen: originalmente, *drag* é um termo que vem do teatro shakespeariano e do teatro elisabetano, nos quais dizia respeito à sigla de *"dressed as a girl"* (vestido de mulher), em razão da proibição de que as mulheres se apresentassem nos palcos, o que fazia com que os homens tivessem que se vestir como mulheres para interpretar os papéis femininos.

Atualmente, o termo ainda diz respeito a pessoas interpretando personagens, de modo que a *drag* não é uma forma de identificação de gênero e, sim, uma forma de expressão. Embora a *drag* não diga respeito a uma identidade de gênero, isso não é justificativa para encarar essa expressão artística como forma de deslegitimar sua relevância para o movimento LGBTQIA+ e para a sociedade.

Essa forma de arte é política, questiona papéis e expressões de gênero. O exagero, muitas vezes presente, tem um propósito. Trata-se de um relevante elemento da cultura LGBTQIA+. Não é porque as pessoas que fazem *drag queens* não vivenciam essa expressão como uma identidade de gênero que essas *performances* não estejam presentes de forma marcante na história do movimento LGBTQIA+.

Pessoa não-binária: como o próprio nome sugere, uma pessoa que se define a partir da não-binariedade de gênero oferece uma recusa ao sistema binário de identificação de gênero – portanto, está dentro da classificação como trans. Assim, este é um termo guarda-chuva que contempla diversas identidades de quem não se entende 100% como homem ou 100% como mulher. Nos ensina Nick Thomás Nagari:

> *Nisso entra quem é os dois ao mesmo tempo, quem não é nenhum, quem é algo além, quem é um pouco de um e um pouco de outra coisa, etc. Existem várias possibilidades, como por exemplo: agênero (nenhum, como a pessoa que vos fala), bigênero (2 gêneros ao mesmo tempo, não necessariamente homem e mulher) e gênero fluído (flui entre gêneros).* (NAGARI, 2020)

Isso não quer dizer, a contrario sensu, que mulheres Trans e homens Trans sejam necessariamente identidades binárias. Esse debate é real e presente nos movimentos Trans e tampouco chegou a consenso. Há aquelas pessoas que defendem que por se identificarem como Homens e Mulheres Trans, estariam dentro de identidades binárias. Há outras pessoas que compreendem que todas as identidades Trans, ao divergirem da linha reta imposta pela matriz heterossexual – como vimos anteriormente – já estão desafiando a binariedade por si só.

De todo modo, sabemos que, para quem não conhecia esses termos até então, compreendê-los demanda uma abstração grande. E está tudo bem. Toda nossa criação e cultura é binária, aprendemos tudo dessa forma. Faz parte do processo que tenhamos alguma dificuldade em compreender noções não contempladas nesse sistema.

Porém, tudo que vimos até agora é justamente a comprovação de que todos os gêneros e sexos foram inventados pela humanidade em algum ponto da história. Assim sendo, por que não aceitar também essas formas de identificação? Sobre isso, continuamos a citar Nick Thomás Nagari:

> Todo gênero, enquanto rótulo, foi inventado em algum momento pra ser associado a corpos. A questão é perceber que manter o sistema de gênero da forma binária que ele é hoje contribui pra todas as opressões que ele sustenta; e que uma das formas legítimas de fragiliza-lo é a vivência de identidades que ele não alcança, que provam que ele tá longe de ser concreto como quem se beneficia dele diz.
>
> As nossas identidades soam mais abstratas do que as outras porque elas não estão dentro desse sistema, mas isso não é um problema nosso — é dele, que é feito pra colocar pessoas em caixinhas cis e heteronormativas.
>
> Não existe uma forma única de comportamento, de tratamento e muito menos de expressão de gênero (ou seja, como nós nos aparentamos, nos expressamos, nos vestimos, etc). Até porque isso é sobre identidade, aparência é só a expressão do que já somos.
>
> Tem gente que acha que todes nós sonhamos com uma aparência "neutra", andrógina, que "não dê pra saber" se é mulher ou homem. É possível que isso aconteça, mas não é uma regra — até porque isso parte da ideia de que todos temos um gênero voltado pra neutralidade, o que não é verdade. Muitas vezes apresentamos aspectos considerados femininos ou masculinos, muitas vezes temos a intenção de ter uma expressão de gênero mais inclinada pro que se considera de um gênero binário, etc.

> *A pluralidade é muito grande, você pode conhecer uma outra pessoa não-binária que seja completamente diferente de mim. E tá tudo bem. Não devemos ser cobrados pra ter uma aparência x ou y. (NAGARI, 2020)*

A colocação de Nagari é extremamente relevante, pois em um universo que não se paute pela matriz heterossexual, as pessoas podem viver livres, sem a necessidade de corresponderem a expectativas embasadas em regras criadas para aprisioná-las.

Queer: termo em inglês, historicamente utilizado como um insulto a pessoas LGBTQIA+, mas que passou a ser reivindicado por essa comunidade, sobretudo em países de língua inglesa como o Reino Unido e os Estados Unidos. É usado para definir uma variedade de formas de ser, de viver, de agir, que desafiam as normatividades de gênero e sexualidade como um todo (BROWN, 2007).

No entanto, essa não é uma definição ou identidade com lastro histórico no contexto brasileiro, sendo muito pouco utilizada por aqui. Como definições e identidades LGBTQIA+ se desenvolvem a partir de construções históricas coletivas, de movimentos sociais, o uso de termos importados acaba fazendo pouco sentido. De qualquer forma, em países de língua inglesa é um termo bastante importante que acaba por constar na sigla LGBTQIA+, daí porque a pertinência de encontrar-se neste livro.

O fato de ser uma definição vaga é intencional. Pode ser considerada uma identidade de gênero e/ou uma orientação sexual, a depender de a quem se pergunte. Essa vagueza acaba por promover uma abertura a qualquer pessoa que sinta não se encaixar nas normas hétero ou cisgênero, mas que ainda está se descobrindo, ou que não pretende se rotular dentro das orientações e identidades já existentes.

Até aqui, pudemos conhecer uma boa parte dos astros que compõem nosso universo. Ocorre que o universo é infinito e a descoberta de novos astros está em constante transformação e expansão. Os astros são tudo que foge a uma regra, de modo que os limites estão estabelecidos na regra, mas as possibilidades para fora dela são infinitas.

A cada viagem espacial encontraremos novos corpos celestes ou até mesmo novas roupagens e denominações para os corpos que já vimos e conhecemos. As pessoas são complexas, detêm agência sobre si mesmas e o poder de transformar suas próprias jornadas. Os conceitos mais relevantes e que são relativamente estáticos são os que revelam as normas a que estamos sujeitos, porque eles revelam uma realidade imposta e solidificada há algum tempo – mas que não é o nosso todo, que não é assim em outras culturas e que não é permanente ou eterna.

Já os astros e suas denominações possuem caráter político, pois vivem para trazer luz à própria existência e demonstrar a falibilidade do sistema que procura destruí-los, senão dizer que não existem. Se estamos diante de símbolos que carregam em si um peso político, é porque estamos falando de uma coletividade de pessoas que se encontra identificada nas vivências de outras. Se identificar com algo tem mais a função principal de permitir que pessoas se reconheçam por certos signos e possam se aproximar de outras que tiveram vivências parecidas, do que a de limitar e segregar.

Nenhuma denominação aqui proposta tem o objetivo de dizer que as pessoas LGBTQIA+ devem se limitar a elas e permanecerem fixas nessas "caixinhas". Temos o objetivo de demonstrar que já existe tanta gente fora do padrão cis-heteronormativo quanto são as estrelas no universo, então já passou da hora de nos voltarmos para o reconhecimento e a legitimação dessas vidas.

As construções do movimento LGBTQIA+ são coletivas e, como tudo que é feito por pessoas diversas, sofrem transformações, já que, cada vez mais, as pessoas alcançam a coragem de desbravar e chegar mais longe nesse universo que é infinito.

Para quem está fazendo essa viagem pela primeira vez, sugerimos adotar esse registro de viagens anteriores como uma forma de conhecer os corpos celestes que nós, por sermos pessoas LGBTQIA+, já tivemos a honra de conhecer.

Para quem pretende manter o aprendizado, apresentaremos em seguida um roteiro para orientar a jornada: um guia de bolso para não cometerem gafes comuns a turistas de primeira viagem à galáxia.

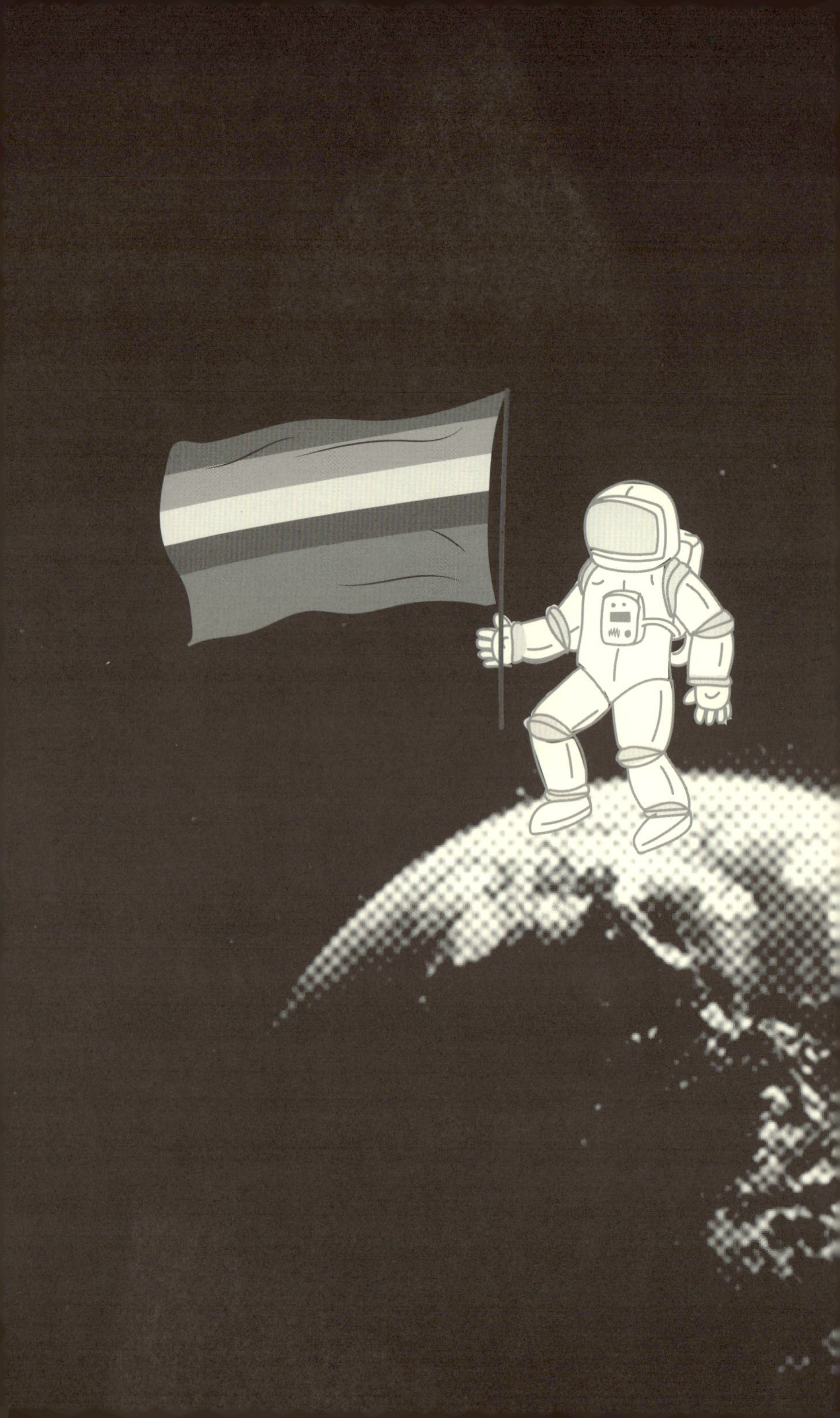

4. O guia do Aliado à Galáxia: mitos e verdades sobre a comunidade LGBTQIA+

É comum que navegantes de primeira viagem pensem, ajam e se comportem da forma como aprenderam a pensar, agir e se comportar durante toda a sua vida. E isso é esperado, afinal de contas, embora estejamos falando de toda uma galáxia, estamos tratando de características muito particulares de cada pessoa.

Pensar na galáxia é uma ferramenta para que miremos em uma viagem tranquila, segura e para que o aprendizado colhido nessa experiência implique um avanço na nossa sociedade. Pensar na galáxia nos possibilita traçar projetos. É entender as forças gravitacionais que aproximam e distanciam cada astro dessa galáxia. É olhar para o todo e para a correlação de forças entre os componentes desse todo.

Ocorre que, apesar da alegoria deste livro ser a intrigante viagem ao espaço, dando a todo terráqueo a oportunidade de realizar o sonho de conhecer de perto os astros, quando falamos da população LGBTQIA+, a verdade é que estamos falando de pessoas reais e não de corpos distantes, extraterrestres, seres de luz ou o que mais a ficção científica nos dá de repertório para a imaginação.

Na realidade, a orientação sexual e a identidade de gênero de uma pessoa são elementos que compõem um relevante âmbito de autoconhecimento e autorreferência do indivíduo, e que ainda são tratados na nossa sociedade como motivos para discriminação social.

Assim, quando nos voltamos ao tema, temos que ter em conta que as forças sempre se operam de duas formas paralelas, concomitantes e igualmente relevantes: a estrutura e o indivíduo.

O que vem antes? O indivíduo ou a estrutura? O ovo ou a galinha? A estrutura precede o nascimento do indivíduo, mas ela tem relevância para aquela vida se ela não se concretizar? Se somos protagonistas da nossa história, qual poder de autodeterminação que temos sobre ela? O que acontece quando nos damos conta de que uma mesma característica é motivo de dor e sofrimento de tantas pessoas?

Analisar a estrutura é o que nos permite verificar que há elementos do nosso sofrimento que escapam à agência que temos sobre as nossas vidas. Nossas reputações são rebaixadas, nossas conquistas subestimadas, nossa autoestima é menosprezada, para que a sociedade possa se deleitar com piadas, com desrespeito. Nossa humanidade é retirada para a diversão das pessoas – ou as piadas com "bichas", "sapatões" e "travecos" deixaram de existir antes da publicação deste livro?

Somos expulsas de casa, expulsas das escolas e qualquer colocação no mercado de trabalho depende de esconder nossas essências ou, como é o caso da população T, na informalidade e em condições precárias.

Quando percebemos que não estamos sozinhas, que mais pessoas LGBTQIA+ soltam abruptamente a mão de seu companheiro ou companheira mediante a aproximação de estranhos, passamos a criar relações interpessoais que auxiliam na reestruturação da autoestima que nos foi roubada por nossos pais que nos batiam até que "virássemos mulheres/homens", por nossos colegas de escola que apontaram para nossos corpos nos chamando de "viadinho" ou "sapatão", por nossos colegas de trabalho que nos enterraram no silêncio e no esconderijo do armário.

Saber que somos uma população e que podemos traçar eixos de semelhanças que nos fortalecem é importante, inicialmente, para compreensão de que fomos vítimas dessas situações e não as culpadas por sermos quem somos. Superada a condição de vítima, podemos lutar por uma sociedade que nos aceite e que nos permita formular o que seria uma vida que contempla nossas existências de forma plena, sem subterfúgios, sem medos, que nos permita apenas viver.

Em paralelo, embora seja imprescindível compreender que temos semelhanças que nos unem, não existe apenas um tipo de gay, de lésbica, de bissexual, de assexual, de travesti, de pessoa trans, enfim, somos diversos.

Nos reduzir apenas à característica da orientação sexual ou da identidade de gênero é retirar nossa humanidade – e é o que facilita para as pessoas o ato de nos transformar em piada ou em saco de pancadas.

Assim, ser uma pessoa aliada é um grande processo de empatia e respeito. E por isso, demanda ter autovigilância e cuidado. Se quando viajamos a outros estados ou países, é cortesia aprender sobre a cultura local, ainda que seja aprender a falar "olá" e "bom dia" no idioma nativo, aqui não basta apenas estar aberto a uma cultura nova, mas respeitar as vivências diferentes e de fato largar a bagagem cultural anterior à viagem, para que ela não machuque nenhuma pessoa.

Para facilitar esse diálogo e o início desse processo de autovigilância, trouxemos aqui um pequeno Guia do Aliado à Galáxia. Selecionamos alguns exemplos de frases que são comuns na nossa sociedade, tanto as pejorativas, como algumas que parecem elogios, mas não são.

Com este guia e uma boa intenção, você terá quase tudo que precisa para viajar pela Galáxia LGBTQIA+. Não entre em pânico.

4.1. Pode ser gay, é só não ser viado

"Eu respeito os gays, não tenho nada contra. Mas porque precisam se vestir de forma espalhafatosa e agir de forma escandalosa? Isso é ridículo".

É comum que homens gays escutem de seus familiares e amigos, bem-intencionados em aceitá-los, que eles podem ser gays, contanto que não sejam "bichas".

As pessoas acham que quando um homem gay age de forma afeminada, ele está escolhendo fazer isso de propósito, para chamar atenção ou ficar esfregando sua homossexualidade na cara da sociedade. No entanto, em oposição, a sociedade aceita e até estimula que homens cisgênero heterossexuais ajam de maneira violenta, expressando exacerbadamente sua forma de masculinidade. Isso está presente, por exemplo, no comportamento destas pessoas em jogos de futebol e no assédio a mulheres nas ruas.

Outro exemplo é o medo que os homens cisgênero têm do número 24. Como esse número é associado ao animal veado no jogo do bicho, e o veado é associado à homossexualidade afeminada, os homens cisgênero rejeitam esse símbolo para se afastarem dessa associação e reforçarem a masculinidade cisgênero. Isso faz com que homens não comprem os assentos de poltrona 24 em ônibus de viagem ou aviões, que tenham receio de cair no número 24 da chamada da escola, e que empresas que confeccionam velas de aniversário tenham que produzir velas 23+1 para atender à demanda dessa parcela da sociedade.

A sociedade, por ser hetero-cisnormativa, imputa apenas ao comportamento associado à comunidade LGBTQIA+ a característica de performativo, quando, na realidade, a masculinidade cisgênero e heterossexual também é uma performance.

Existem vários tipos de masculinidades, inclusive a masculinidade de homens gays. Elas estão em constante interação e disputa (KIMMEL, 1998). Por isso, não faz sentido dizer que homens gays não são homens.

Por que, então, a sociedade estimula comportamentos que reforçam masculinidades (cisgênero) tóxicas, mas coíbe masculinidades afeminadas? Qual é o grande problema em ser veado? Bichinha?

Existe um desprezo social por pessoas que saem do papel que se espera do seu gênero. E esse desprezo, quando é direcionado aos homens afeminados, acontece inclusive dentro da população gay. A cis-heteronormatividade reforça de forma tão contundente a masculinidade, que até homens gays a replicam e acreditam que os gays afeminados dão uma reputação ruim à homossexualidade.

É claro que isso também se manifesta com homens bissexuais, pansexuais, polissexuais e, pasmem, até com homens heterossexuais. Isso não é algo exclusivo da população gay. Quando um homem afeminado é ofendido por um estranho, esse estranho não se retrata ao descobrir que ele não é gay. Ocorre que, como o comportamento afeminado em homens é associado à homossexualidade, eventuais agressores já partem do pressuposto que nenhum homem afeminado pode gostar de se relacionar com mulheres.

É importante ressaltar que a associação da masculinidade a um comportamento tóxico e violento não faz bem para ninguém, nem para o homem cisgênero e heterossexual.

Acreditar que homens não choram e incentivar comportamentos violentos são a causa de morte de muitos homens, seja por suicídio (BAERE E ZANELLO, 2018; FERREIRA, 2019) seja por brigas ou acidentes de trânsito. No começo do ano de 2016, homens sofreram 77% mais mortes em acidentes de trânsito.

4.2. Não tenho nada contra, é só não dar em cima de mim

Essa frase é muito comum, porque indica uma aparente aceitação das pessoas LGBTQIA+. Começa com a afirmação de indiferença em relação às pessoas LGBTQIA+ – "não tenho nada contra", e, em seguida, sugere que as práticas sexuais e de afeto LGBTQIA+ podem acontecer normalmente, desde que não alcancem a esfera das pessoas cis e heterossexuais – "é só não dar em cima de mim".

A frase pode parecer inofensiva, mas carrega diversos valores LGBTfóbicos. Por exemplo:

A) Significa que as práticas sexuais e de afeto, bem como as expressões de relacionamento e de família de pessoas cis e heterossexuais merecem estar no espaço público, mas as de pessoas LGBTQIA+ não.

Veja só: paquerar, chamar alguém para sair, elogiar com intenção de demonstrar interesse romântico ou sexual são exercícios normais e saudáveis da sexualidade humana. Todas as pessoas estão sujeitas a praticar e receber estes atos. Dentro dos limites da razoabilidade e do consenso entre pessoas adultas, todas estão sujeitas, inclusive a serem ou não bem-sucedidas em suas tentativas, não é mesmo? Quem nunca levou um fora? Quem nunca levou uma cantada e disse não?

Essas práticas não devem ser motivo de vergonha, seja você uma pessoa LGBTQIA+ ou não. Ao dizer que pessoas LGBTQIA+ não devem "dar em cima de você", isso sugere uma repulsa pela possibilidade de que a prática sexual e de afeto LGBTQIA+ ocorra no espaço público e te inclua tanto quanto a prática sexual e de afeto das pessoas cis e heterossexuais é capaz de te incluir. Isso quer dizer que pessoas LGBTQIA+ devem sentir vergonha de suas identidades de gênero e de suas sexualidades, e devem praticá-las e exercitá-las às escondidas, "no sigilo", privadamente, para não afetar nenhuma pessoa cis e heterossexual.

É a mesma lógica que rege as doutrinas "Não pergunte, não fale" (*"Don't ask, don't tell"*) sobre sexualidades e identidades de gênero dissidentes no meio militar. Viva sua vida entre quatro paredes, esconda-se. É este tipo de frase que condena pessoas LGBTQIA+ a viver mentindo sobre suas vidas e a serem vítimas de violência quando a expõem.

B) De outro lado, ainda, a afirmação "não dê em cima de mim" estabelece uma hierarquia no imaginário popular onde todas as pessoas cis e heterossexuais são indiscutivelmente atraentes (em termos sexuais, românticos, intelectuais, até mesmo espirituais) e todos os demais são incapazes de controlar o impulso de tocá-las.

Esta afirmação também coloca as pessoas LGBTQIA+ como sexualmente insaciáveis, promíscuas, incapazes de respeitar o espaço individual de outras pessoas e sinais de consenso – verdadeiras predadoras. Este medo da expressão sexual e de afeto de pessoas LGBTQIA+, em que um simples olhar pode ser considerado um assédio, é a perfeita representação de fobia.

Em outras palavras, ao mesmo tempo em que coloca pessoas cis e heterossexuais em uma posição superior – de automático objeto de desejo -, coloca as pessoas LGBTQIA+

em posição inferior – de constante carência de atenção e aprovação.

Quando uma pessoa dá em cima de você e você não retribui o desejo, basta dizer "agradeço, mas não quero", basta rejeitá-la educadamente, não existe qualquer razão racional para repulsa ou pânico, apenas sinta-se elogiada e siga sua vida.

4.3. Pode ser gay, mas dentro de casa

O principal problema que enxergamos nessa frase remete ao que falamos no tópico anterior, sobre como a sociedade estabelece que o espaço público não pertence às pessoas LGBTQIA+. E isso é feito através de discursos que afirmam uma inferioridade moral das pessoas LGBTQIA+ e de suas vidas. Para estes valores, ser LGBTQIA+ é tão sujo que deve ser mantido em absoluto segredo.

É o mesmo raciocínio que se usava antigamente – e que ainda ocorre em algumas sociedades ao redor do mundo – para manter pessoas trancadas em casa durante o período menstrual. A menstruação era vista como sujeira, depravação, doença, algo de que se envergonhar e esconder.

Mesmo quando a vítima não é amarrada ao pé da cama ou ameaçada de surra, há uma chantagem emocional diária: é como prender um cão doente na coleira para que ele não morda alguém e transmita raiva, para que vizinhos não saibam, para que a família não fique "falada".

Essa frase ofende pessoas LGBTQIA+, porque sair do armário e manifestar a existência LGBTQIA+ é uma conquista que demanda a superação de muitas barreiras – inclusive aquelas impostas por aqueles que mantêm pessoas LGBTQIA+ em cárcere privado, impedindo que literalmente saiam de suas casas. Isto é, existe uma violência simbólica na frase, que remete a violências concretas sofridas por uma imensidão de pessoas LGBTQIA+.

Pessoas cisgênero e heterossexuais desfilam de mãos dadas, fazem perfil conjunto nas redes sociais, compram a roupa que cabe à identidade delas sem serem expulsas das lojas, usam o banheiro público sem serem constrangidas, conversam em rodas públicas sobre suas vidas sexuais, fazem casamentos e festas de noivados que custam até milhões de reais. Se elas podem, por que o resto do mundo não poderia?

Os anéis de noivado, as fotos no Instagram, a cultura de nomear filhos mesclando o nome da mãe e do pai, os chás de revelação, todas são formas de gritar para o mundo as maneiras tradicionais e hegemônicas de expressar gênero e sexualidade.

A frase implica que as expressões de gênero e sexualidade de pessoas LGBTQIA+ são escandalosas e que por isso devem ser escondidas e sufocadas. No entanto, se pararmos para refletir sobre todas essas formas de expressar a cisgeneridade e a heterossexualidade, elas também não são "escandalosas"?

O que há de discreto em *flashmobs* de pedidos de casamento? O que há de comedido em fazer um pedido de casamento acendendo o maior prédio do mundo com luzes de *led*? O que há de despretensioso em colocar um anel de diamantes dentro de um pedaço de comida ou contratar um carro de som para fazer uma declaração de amor? A resposta é: nada! A única diferença entre essas demonstrações de amor e aquelas feitas por pessoas não cis-hétero é a condição de LGBTQIA+ das últimas.

4.4. Quem é a mulher da relação?

Essa frase é muito típica e parte de conceito que já explicamos anteriormente, a heteronormatividade. Este padrão carrega diversos papéis a serem desempenhados por cada uma das partes nesse relacionamento. Papéis sociais e papéis sexuais.

Isso significa que, em uma relação, a partir da ótica da heteronormatividade, é esperado que haja um "homem", a pessoa dominante, e uma "mulher", a pessoa dominada. Mesmo quando estamos diante de um casal de pessoas de gêneros diferentes, é comum ouvirmos piadas e brincadeiras quando estes papéis se invertem por qualquer motivo. Por exemplo, quando a mulher é assertiva e faz valer sua opinião, ou quando ela tem a maior renda, dizem que ela é quem "veste as calças em casa", ela quem manda, ela quem faz as vezes de "homem", ela é dominante.

Por causa da heteronormatividade, é esperado, portanto, que haja uma relação de dominação. E com essa relação vem todo um juízo de valor negativo em relação à figura da mulher e positivo em relação à figura do homem. A mulher é dominada, subjugada, está em uma posição de humilhação, por vezes.

Por causa da heteronormatividade, relacionamentos dissidentes não se encaixam no padrão esperado "homem x mulher". Quem pergunta "quem é a mulher da relação" está confuso com a ausência de definição sobre esta relação de poder – não consegue conviver com a falta desta dominação. Não consegue conceber relacionamentos sem esse elemento.

Quem pergunta "quem é a mulher da relação" está perguntando quem tem menor valor, quem está subjugado. Tanto o é que, quando essa relação de poder chega ao âmbito sexual, sabemos que socialmente ser passivo é considerado humilhante, é ser "mulherzinha", é não ter controle, e é constantemente utilizado como analogia e ameaça de estupro.

4.5. Esse cara é um desperdício

Essa frase também parece um elogio à primeira vista. Se dizemos que uma pessoa LGBTQIA+ é um desperdício, queremos dizer que ela é bonita e que é uma pena que ela não esteja acessível, pois poderia ser objeto do meu desejo.

No entanto, esse tipo de afirmação sugere que os relacionamentos e trocas afetivo-sexuais de pessoas cis e heterossexuais são o principal e melhor espaço a se estar no mundo. Se uma pessoa não está ali, por ser LGBTQIA+, ela está desperdiçando seu corpo e sua vida, está do lado de fora.

Denota também que tudo que alguém poderia querer da vida é estar na arena de relacionamentos e trocas afetivo-sexuais das pessoas cis e heterossexuais. Da mesma forma que explicamos anteriormente, esta também é uma frase que reafirma o imaginário popular onde todas as pessoas cis e heterossexuais são indiscutivelmente atraentes.

E, mais ainda, significa dizer que o valor de uma pessoa é medido por seu pertencimento a esse espaço. Se é um desperdício, então não valemos nada?

4.6. Se é para ficar com uma mulher masculina, por que não fica logo com um homem?

Essa frase é dita para mulheres que se relacionam com outras mulheres, e que se expressam de maneira considerada "masculina", como cabelos curtos, roupas "masculinas", jeitos, posturas, muito embora não sejam homens ou pessoas transmasculinas. Em outras palavras, são mulheres, mas se sentem menos compelidas a performar e respeitar regras de comportamento e vestimenta esperadas socialmente para as mulheres. Assim, são vistas como "masculinas".

Muitas pessoas se perguntam se a mulher que se relaciona com esse tipo de mulher "masculina" não desejaria, "no fundo", se relacionar com um homem.

Primeiro, isso não é da conta de ninguém. Os relacionamentos sexuais e de afeto das pessoas LGBTQIA+ não são de interesse e escrutínio público. Não existem para serem opinados, aprovados ou desaprovados. As pessoas se relacionam com quem elas quiserem e seus motivos dizem respeito apenas a elas mesmas, suas histórias e individualidades.

Segundo, essa mulher que se relaciona com uma mulher "masculina" pode ser bissexual, pansexual ou assexual, de maneira que ela pode, sim, se relacionar, ou já ter se relacionado, com um homem e nada muda sua sexualidade, nem seu interesse naquele relacionamento. Portanto, a pergunta não faz sentido.

Terceiro, não faz sentido falar em uma única forma de masculinidade. Masculinidade é uma performatividade. É um conjunto de atos que, repetidos, são reconhecidos como aquilo que deve ser desempenhado por um homem – mesmo que, na prática, esse dever-ser não ocorra, ou que esses atos sejam desempenhados por qualquer pessoa, homem ou não. Assim, só faz sentido falar em masculinidadeS, no plural, como a própria comunidade transmasculina reivindica.

Em realidade, há muitas masculinidades sendo praticadas e desenvolvidas e elas estão em constante disputa (KIMMEL, 1998). Não olhamos hoje para fotos da década de 70 e vemos homens de shorts super curtos? Cabelos longos? Tops de barriguinha de fora? John Travolta dançando de maneiras que hoje seriam consideradas "gays", mas que eram o suprassumo da masculinidade na época?

A "masculinidade" de uma mulher, se é que devemos chamar assim, pode coexistir com a sua feminilidade e não imita a do homem, apenas reescreve alternativas de ser, de viver, e esse é justamente o ponto. Ao se afastar da heterossexualidade compulsória, as mulheres em orientações sexuais dissidentes podem (ou não) ter vontade de brincar com expressões de gênero, o que não anula a identificação destas como mulheres.

A questão toda é que relacionamentos devem ser com pessoas, não com uma "masculinidade" ou com uma "feminilidade". Podemos achar bonito, nos atrair ou admirar expressões de gênero, mas nos relacionamos com muito mais do que apenas a forma que alguém expressa seu gênero.

Ademais, ainda que se pudesse considerar um relacionar-se com a expressão de gênero de uma pessoa, amar pessoas que fogem dos padrões é justamente amar outra versão de humanidade, se deliciar com outras performatividades. Podemos dizer que um homem masculino e uma mulher "masculina" têm essências diferentes, e, na hora de amar, é a essência de cada um de nós que conta.

4.7. Não quero me trocar na sua frente

Essa é uma afirmação não só ofensiva, mas criminalizadora, pois ela presume que toda pessoa LGBTQIA+, seja ela quem for, é uma predadora sexual em potencial, incapaz de controlar seus impulsos lascivos e promíscuos, pronta para atacar e retirar da pessoa cis e heterossexual sua pureza.

Essa frase projeta o imaginário de que sexualidades e identidades de gênero dissidentes são descontroladas, doentes, perigosas e amedrontadoras. É o mesmo raciocínio que equipara homossexuais a pedófilos.

Aliás, essa comparação é tão disseminada, que o dicionário Aurélio coloca o verbete "heterossexual" como antônimo de "gay, homossexual e pederasta" (AURÉLIO, 2021), sugerindo haver uma relação entre estes últimos termos.

Voltando à frase, novamente esse tipo de afirmação coloca pessoas cis e heterossexuais como imediatos e naturais objetos de desejo. Como se toda pessoa LGBTQIA+ estivesse sempre aguardando pelo momento em que terão a oportunidade de "tirar uma casquinha".

É muito comum essa frase ser dita em vestiários, em banheiros públicos, academias, chuveiros de praia, saunas, clubes, piscinas, enfim, em lugares em que é naturalizada a nudez ou seminudez comunitária. Isto é: não estamos tratando de uma timidez ao se trocar que poderia ocorrer em qualquer espaço que não fosse destinado a isso.

Muito pelo contrário, estamos tratando da situação em que a pessoa não teria vergonha de se trocar na frente de outras pessoas, contanto que não fossem LGBTQIA+. Estamos tratando de uma situação em que a pessoa LGBTQIA+, usando o banheiro, a sauna, ou a piscina, enfim, está vivendo sua vida, e é acusada injustamente de ser uma pessoa não confiável.

O objetivo inconsciente dessa frase é lembrar à pessoa LGBTQIA+ sobre sua diferença, sua "anormalidade", sua "sujeira", o fato de que sua orientação sexual e/ou identidade de gênero são notadas e ao mesmo tempo indesejadas naquele espaço, são incômodas. O incômodo e constrangimento da pessoa cisgênero e heterossexual com a pessoa LGBTQIA+ é demonstrado para virar o jogo: o objetivo é que a pessoa LGBTQIA+ fique constrangida e sinta vergonha (e às vezes medo) de estar presente e se ausente, se isole.

4.8. Oi, posso participar?

Não há uma mulher que se relaciona com mulheres que não tenha ouvido essa frase de um homem na vida. Para além de impertinente e irritante, essa frase é errada e violenta de várias maneiras.

É uma interrupção. Acontece em momentos de carinho e intimidade entre duas mulheres, conversas interessadas, mãos dadas, abraço, beijos. A interrupção desloca o eixo de atenção – que estava entre elas – para o homem que as aborda. Essa é uma expressão machista de autoimportância: o que quer que essas mulheres estejam fazendo não é tão relevante quanto a presença do homem e o que ele tem a oferecer, dizer e fazer.

É desrespeitoso. Temos o costume de não interromper momentos de intimidade entre casais de pessoas de gêneros diferentes. Este costume de respeito, por exemplo, é até uma etiqueta para quem atende em bares ou restaurantes: a orientação dada é aguardar ou pedir licença com muita delicadeza quando é absolutamente necessário interrompê-los. Por que homens se sentem autorizados a interromper mulheres em momentos de intimidade entre elas? Por que se sentem até impelidos a fazer isso?

Ainda, a frase sugere que a relação entre duas mulheres é incompleta, que necessita de um homem cisgênero – mais especificamente do falo – para fazer sentido. Este tipo de discurso é comum por pessoas que questionam com incredulidade a maneira como mulheres fazem sexo entre si – como se não fosse possível o sexo sem o falo.

Todavia, acima de tudo, essa é uma frase que coloca as relações entre mulheres no exclusivo espaço do fetiche orientado ao prazer de homens. Essa fetichização produz a seguinte lógica: se duas mulheres estão em um momento de intimidade, deve ser para consumo masculino, portanto, homens estão autorizados a interromper, ocupar o espaço central e aproveitar.

Não há nada de errado em se relacionar intimamente ou fazer sexo com homens e mulheres ao mesmo tempo, mas não é assim que funciona consentimento.

Não se pode abordar sexualmente pessoas apenas porque elas estão em um momento de romance entre elas, só isso não é o suficiente: o consentimento é um pouco mais profundo que isso, exige mais conversa e iniciativa de todas as partes. Se elas quiserem que você participe, acredite, você será convidado.

4.9. Você não gosta de homens porque nenhum te pegou direito

Esta frase é muito violenta. De início, ela nega que a atração sexual entre mulheres, principalmente a lesbianidade, seja real. Supõe que o desejo entre mulheres cis seja essencialmente incompleto e tolo: existente apenas porque essas mulheres desconhecem o real sentido do sexo. Não foram libertas ou agraciadas pelo que seria a única experiência sexual possível e válida: a experiência com homens cisgênero.

O falo neste contexto é muito importante. Esse tipo de preconceito é o mesmo que circunda a noção de virgindade: o rompimento do hímen por um pênis. A penetração do falo é responsável por transformar para sempre a vida de uma mulher. Tanto é assim, que a expressão "fazer mulher" é usada com frequência para o ato de desvirginar ou transformar uma mulher cisgênero através do sexo com um homem cisgênero.

Este mesmo poder de transformação é utilizado contra mulheres cis que se relacionam com mulheres. A frase "você não gosta de homens porque nenhum te pegou direito" implica que a suposta ausência de experiência sexual satisfatória com um homem cisgênero é a única explicação possível para o fato de que uma mulher não está cumprindo com o papel de gênero que lhe é esperado socialmente – o de querer e desejar sempre homens cisgênero.

Porém, mais do que a carga simbólica que a frase carrega, há também uma carga violenta concreta neste discurso já que ele é comumente levado a cabo. Você já ouviu falar em estupro corretivo? Esse tipo de violência sexual é praticado contra pessoas LGBTQIA+ com vagina, com a intenção de controlar seu comportamento social e sexual[3], a partir da ideia de que aquela pessoa pode ser "curada", "corrigida" ou punida através do estupro. É uma violência misógina. De acordo com levantamento da iniciativa Gênero e Número em 2017, em média, 6 mulheres que se relacionam com mulheres foram estupradas por dia naquele ano (SILVA, 2019).

Frases como essa, mesmo que ditas sem intenção de ferir ninguém, trazem toda essa bagagem bastante dolorosa. E, no fim das contas, o que seria "pegar de jeito"? Que jeito?

Esta é uma frase ameaçadora, criada para ser ameaçadora. Talvez as pessoas que a dizem não sintam a obscuridade dela, talvez seja apenas uma piadinha para quem diz, mas para quem a recebe, pode soar como uma sentença de estupro ou como um lembrete do tipo "sua sexualidade não é sua, é das pessoas que te tocam".

---

[3] O art. 226, IV, b do Código Penal Brasileiro conceitua a motivação do estupro corretivo como causa de aumento de pena para o crime de estupro.

Mulheres que gostam de mulheres o fazem porque mulheres são gostáveis, porque mulheres são apaixonantes, é simples assim, é porque é.

Além disso, "pegar de jeito" não é uma coisa que apenas homens cisgênero podem fazer, não é mesmo?

4.10. Vocês não fazem sexo, só preliminares

Essa frase é comumente direcionada a mulheres cisgênero que se relacionam entre si (embora possa ser dita a qualquer pessoa com vagina), com a intenção de desqualificar sua prática sexual, por, supostamente, não envolver um pênis. Como o sexo entre tais pessoas, no imaginário social, não envolve penetração de um pênis em uma vagina, este sexo seria incompleto, ou seja, seriam apenas "preliminares" – apenas "brincadeiras" anteriores, preparatórias àquilo que seria "sexo de verdade". Novamente estamos tratando de falocentrismo e heteronormatividade.

Esse mesmo raciocínio também fundamenta a crença a respeito da "virgindade", de que uma mulher cis, ou pessoa com vagina, só realmente fez sexo quando foi penetrada por um pênis. Que qualquer outra atividade sexual que tenha feito, com homens ou mulheres, não foi sexo. Isso carrega diversos problemas, inclusive com repercussões graves no âmbito da saúde sexual. Muitas ISTs (infecções sexualmente transmissíveis) ocorrem por meio de práticas sexuais desprotegidas que as pessoas sequer cogitam serem sexo e não pensam em proteção, cuidados e transmissão.

Outro equívoco nesta frase diz respeito à implicação de que o sexo entre mulheres nunca envolveria um pênis, o que não é verdade. Esta afirmação ignora a existência de mulheres trans. Há, sim, mulheres que praticam sexo que envolve pênis e, possivelmente, penetração. Nesse mesmo sentido, existe o sexo realizado por homens que não possuem pênis, por pessoas transmasculinas, pessoas agênero etc.

No fim, é necessário desconstruir essa noção reducionista a respeito do sexo. O sexo acontece para gerar prazeres. Não prazer, mas prazeres, um misto de sentimentos e fluidez de sensações. Reduzir o sexo à penetração de um pênis endosexo em uma vagina endosexo é pegar um trilhão de possibilidades e convertê-las em uma só. E se a transa vai ser sempre a mesma coisa "batida", que sentido teria passar uma vida praticando-a?

Há de se questionar: por que as preliminares seriam ruins ou piores que "o resto" do sexo? Por que sustentar a crença de que preliminares são um martírio, um pedágio que homens cis devem pagar para conseguir sexo (a desejada penetração, rápida e impessoal), em geral com uma mulher cis?

Novamente, vemos uma carga negativa a respeito daquilo que a sociedade considera como uma prática sexual "tipicamente feminina". Preliminares são toques e interações diversas com o intuito de construir e aumentar o desejo sexual entre as pessoas, envolvendo intimidade e proximidade – características associadas ao feminino –, em oposição às características da distância, da dureza – associadas ao masculino. As preliminares, assim, são vistas como "menos sexo" do que o "sexo de fato", o da penetração.

O sexo é um exercício físico, tal como sair para correr ou participar de uma competição de natação, pode ser cansativo e por isso é mais que necessário que haja um aquecimento, que haja um preparo psicológico que alavanque a vontade de continuar. Ninguém a fim de uma noite de sexo memorável vai chegar no motel correndo para gozar como se estivesse coletando esperma em uma clínica de fertilização. Não dá para sentir o calor sem antes acender o fogo, e aí é que entram as tais preliminares.

Até mesmo a noção do que são preliminares deve ser repensada. Sexo oral não é preliminar é sexo oral mesmo. Já começou. Preliminar é tudo aquilo que nos deixa com vontade de fazer sexo. E, às vezes, pode não ter nada a ver com aquilo que normalmente se associa com sexo. Pode ser ouvir a pessoa que você gosta falar de algo com paixão, pode ser observá-la do outro lado da sala, pode ser fazer juntas uma faxina e gostar muito do resultado, pode ser estar por horas em um lugar em que não podem transar e passar o tempo todo pensando nisso e se olhando com intenção, pode ser passar um dia inteiro quebrando a cabeça para resolver um problema muito complicado e chegar em uma solução em conjunto, aliviados.

Superar o falocentrismo e a heteronormatividade não vai ser só bom para as mulheres cis e as pessoas LGBTQIA+, vai ser bom para todo mundo.

4.11. Se eu fosse lésbica, ficaria com você

Essa frase pode até parecer lisonjeira. Quem fala pode ter a intenção de dizer que a pessoa é atraente, desejável, que foi notada mesmo por quem não se atrai por seu gênero. No entanto, este é um falso elogio.

Primeiro, não é preciso ser lésbica para ficar com uma outra mulher. Bissexuais, pansexuais, polissexuais e assexuais também se relacionam com mulheres.

Talvez o maior problema dessa frase seja o autoconvite a um afeto que sequer foi requisitado. Novamente estamos diante da presunção de pessoas cis e heterossexuais de que elas serão imediatamente desejadas, como se mulheres que se relacionam com mulheres fossem dignas de pena, como se mulheres LBTIA estivessem sempre à espreita, esperando a primeira migalha de carinho ou o primeiro "beijo de dó" que possa surgir do nada.

Se você não se atrai por tal pessoa, então por que dizer a ela que "você ficaria com ela"? O que ela ou você ganham com isso?

Expressar que essa pessoa seria desejável se não fosse o fato de que você, na prática, não se atrai, é estabelecer uma relação de poder, de objetificação. É se colocar na posição confortável de julgar a aparência de alguém e, mais ainda, assumir que esta pessoa estaria sempre aguardando aprovação de pessoas como você. Quem disse que ela se importa com seu desejo por ela? Por que não dizer apenas "você está bonita", "adorei seu cabelo"? Por que colocar o elogio no campo de uma interação sexual que não vai acontecer?

4.12. Isso é só uma fase até você decidir se é hetero ou homo

Esta é uma frase muito ouvida por pessoas monodivergentes (bi/pan/poli). Parte da premissa de que essas sexualidades são transitórias, intermediárias. Seriam apenas testes para que a pessoa finalmente se definisse entre as posições binárias: hétero ou homo.

Frases como essas são muito dolorosas, pois invalidam a existência de pessoas monodivergentes (bi/pan/poli). Quando repetidas muitas vezes, principalmente para pessoas que estão descobrindo suas sexualidades, podem causar muitas dúvidas e provocar danos reais à saúde mental. É como dizer para alguém que aquela pessoa não existe, que ela é uma fraude. Muitas pessoas bi/pan/poli se sentem impostoras, enganando a si mesmas e aos outros, por não se encaixarem em um "lado".

Para entendermos as problemáticas dessa frase, precisamos nos questionar, sem qualquer respaldo de sarcasmo, o que os monossexuais (hetero ou homossexuais) ganham com ela.

Qual a vantagem para as pessoas monossexuais em fragmentar a bissexualidade/ pansexualidade/ polissexualidade, dividi-la, quebrá-la?

O ativista Kenji Yoshino, professor de Direito Constitucional da Faculdade de Direito da Universidade de Nova York, diz que "o primeiro interesse que monossexuais têm no apagamento da bissexualidade é um interesse na estabilização das orientações sexuais" (YOSHINO, 2000). Em resumo, monossexuais têm medo de legitimar a bissexualidade, pois sua existência esmaga a certeza coletiva de que alguém "é" homossexual ou heterossexual. Em um mundo em que existe a bissexualidade/ pansexualidade/ polissexualidade, um homem que diz "eu gosto de mulheres" pode muito bem gostar de homens também. Uma mulher que diz "eu gosto de mulheres" pode muito bem gostar de homens, e assim por diante.

As sexualidades monodivergentes (bi/pan/poli) ameaçam a ideia de que gênero é um fator definitivo para o afeto (e para outras coisas); trazem à tona o fato de que homens e mulheres não são (ou não precisam ser) tão diferentes quanto querem pensar que são; "igualam" homens e mulheres, desnaturalizando rixas do tipo: "qual dos dois transa melhor?", "qual dos dois é mais amoroso?", "qual dos dois é mais divertido?", "qual dos dois é mais generoso?".

A definição de bissexualidade mais conhecida pelas pessoas, que é "gênero não me atrai, pessoas me atraem", devolve às pessoas o direito à individualidade, o direito de ser quem se é porque se é, não porque "mulheres são assim" ou "homens são assado", e isso redefine toda concepção comum de amor.

4.13. Só se for bi de bicha

Esta frase é utilizada para apagar a bissexualidade masculina. A ideia é dizer que o homem bissexual é, na verdade, gay. Novamente, estamos diante de uma frase que coloca em xeque a existência da bissexualidade.

O escárnio trazido pelo jogo de palavras revela um desprezo pelo "bi" de bissexual. Mais ainda se considerarmos que "bicha" carrega uma conotação bastante negativa. As pessoas designadas "bichas" não são apenas homossexuais, na verdade, muitas vezes nem precisam ser. São pessoas andróginas ou afeminadas, socialmente depreciadas.

A frase indica que a não aceitação da bissexualidade enquanto orientação válida é resolvida com a tentativa de encaixe em outra, o que ocorre, no caso da bissexualidade masculina, aproximando-a da homossexualidade. Isso acontece porque, na medida em que aquele homem "decidiu" se afastar da heterossexualidade – a posição socialmente mais poderosa que poderia ocupar –, hétero ele não é. Portanto, só lhe resta ser "bicha".

4.14. Você não gosta de mulheres de verdade, só beija mulheres para chamar a atenção dos caras

Essa frase revela dois preconceitos.

O primeiro é a bifobia geral: presume que a bissexualidade/pansexualidade/polissexualidade não são orientações sexuais reais. Que aquela mulher não gosta realmente de outros gêneros, que é uma pessoa dissimulada, que está enganando a todos, ludibriando suas parceiras, fazendo uma grande performance teatral.

O segundo é o machismo: presume que se uma mulher se relaciona com homens (mesmo que não exclusivamente com eles), no fim das contas ela sempre vai orientar suas escolhas de vida, seus esforços e sua necessidade de aprovação a homens. Se ela está com uma mulher, não é para agradar aquela mulher ou agradar a si mesma, é para atrair e agradar a um homem. Este preconceito machista anda de mãos dadas com a heteronormatividade e com o falocentrismo.

Este primeiro preconceito tem algumas repercussões nas relações entre mulheres. A crença de que a experiência monodivergente (bi/pan/poli) é apenas performática cria uma aura de desconfiança sobre tais pessoas. E, no caso das mulheres, por causa da heterossexualidade compulsória e do falocentrismo, é socialmente esperado que a qualquer momento elas "retornem" a um homem. Como se o exercício da sexualidade e a escolha de um parceiro ou parceira fosse a opção por um lado, que sempre será uma traição a uma das identidades binárias homo ou hétero.

De outro lado, essa frase parte do princípio de que há algo errado em uma mulher, dentro de um contexto afetivo, querer chamar atenção de homens.

Algumas mulheres, bissexuais ou não, gostam de chamar atenção, têm fetiche em exibicionismo, se expressam muito bem através de seus corpos, e todas essas formas de comunicação sexual são legítimas. Se ambas as mulheres envolvidas sabem que há um homem a quem chamar atenção, então não existe problema algum nisso.

Veja, pessoas se relacionam com outras por muitos motivos, até motivos escusos. Para fazer ciúmes em ex, para esquecer um amor antigo, para conseguir vantagens. Essas pessoas podem ser de todas as orientações sexuais.

4.15. Bissexuais têm o dobro de chances de se darem bem

Essa afirmação trabalha com uma falsidade quantitativa, pois, veja bem, não existem quatro bilhões de mulheres e quatro bilhões de homens no mundo, não existe uma divisão certeira e "equilibrada" (dentro da perspectiva monossexual de "equilíbrio") de gênero na população, mas a questão vai muito além disso.

Mesmo se o mundo fosse cinquenta por cento masculino e cinquenta por cento feminino, quem foi que disse que todos os bissexuais se sentiriam atraídos por literalmente todas as pessoas que habitam a Terra? E mesmo se bissexuais se atraíssem por todas as pessoas (e não por todos os gêneros), quem foi que disse que se atrairiam igualmente por cada pessoa, na mesma proporção?

A frase parte da premissa de que todos os bissexuais pensam e sentem da mesma forma, como se não fossem seres vivos, mas clones pré-programados para sentir tesão e nada mais.

As chances de um bissexual se dar bem no amor está nas mãos da sorte, inclusive a sorte de não sair com uma paquera bifóbica – que honestamente anda bem baixa.

Assim como uma pessoa de qualquer orientação sexual, as pessoas bissexuais têm experiências que dão certo e que dão errado no amor e no sexo. O fato de se atraírem por mais de um gênero não altera a quantidade de resultados positivos – na verdade, não muda em absolutamente nada. Mesmo que assumamos a premissa absurda de falar sobre quantidades, se o universo de interações possíveis aumenta, o número de insucessos possíveis também!

4.16. Vamos fazer um ménage?

Uma frase aparentemente inocente que costuma ser dita em contextos inconvenientes, ou melhor, costuma ser dita sem contexto. Homens cis-heterossexuais costumam pedir (por vezes exigir) sexo a três não porque as mulheres envolvidas se mostraram interessadas nisso, mas porque elas são monodivergentes (bi/pan/poli), como se essas orientações sexuais não fossem diversas e fluidas, como se todas as mulheres de tais orientações estivessem disponíveis a todo momento para realizar sempre as mesmas fantasias.

Essa frase costuma vir sem um ponto de interrogação, com uma voz de comando, desrespeitando assim o direito de dizer "não" da mulher monodivergente (bi/pan/poli). A proposta ou comando tão comum vinda de parceiros dessas mulheres parte da presunção de que pessoas bi/pan/poli são essencialmente "promíscuas", naturalmente "calientes", insaciáveis e libertinas. Este tipo de frase alimenta o imaginário de que a vida de todas as pessoas monodivergentes é recheada de práticas sexuais deste tipo e que não há outra resposta possível a pergunta a não ser "sim".

Há pessoas bi/pan/poli que não gostam de fazer ménage. Há pessoas bi/pan/poli que gostam de fazer ménage.

No fim das contas, o problema não é chamar alguém para um ménage, o problema é a ideia bifóbica de "ménage", onde fazer "ménage" significa "eu, monossexual, vou receber o que eu quero em dobro, enquanto as demais vão fazer qualquer coisa que eu pedir, sem jamais questionar". O problema não é o ménage, o problema é o reducionismo em torno do afeto bissexual.

Vale perguntar: todas as pessoas envolvidas no ménage vão poder propor algo, vão poder experimentar suas próprias particularidades? Se as mulheres decidirem transar apenas entre si, isso seria confortável? Se a resposta for "não", então não há por que elas participarem. O sexo não é uma via única, é uma troca.

4.17. Não fico com mulheres bissexuais para não pegar DST

Antes de problematizar a frase, vale ressaltar que o termo aceito atualmente não é DST (doença sexualmente transmissível), mas IST (infecção sexualmente transmissível).

Ao afirmar que pessoas bi/pan/poli são vetores de ISTs, se está incorrendo em erro metodológico, que é o de relacionar a transmissão de ISTs a certas orientações sexuais e não à prática de sexo desprotegido. Assim, a frase só pode ser fruto de um preconceito, posto que se tivesse sido formulada corretamente, não pressuporia uma correlação entre elementos que não se relacionam, portanto, sem base em dados científicos.

Ocorre que essa correlação carrega como pano de fundo a premissa de que as pessoas bi/pan/poli são descuidadas e não merecedoras de confiança, pois vão ser omissas sobre sua condição de saúde, mesmo quando questionadas sobre o assunto.

No fim das contas, quem afirma coisas como essa acredita que todas as mulheres bi/pan/poli transam a torto e a direito, sem proteção, e que vão levar "doenças de gays" para as pessoas héteros e "doenças de hétero" para as pessoas LGBTQIA+.

Há um histórico de perseguição e preconceito em relação a pessoas soropositivas no Brasil. Por muito tempo, se assumir bissexual era sinônimo de ser discriminado, de ter a certeza de que as pessoas não beberiam do mesmo copo que você, a certeza de que algumas pessoas iriam te bater se você tocasse nelas, a certeza de que sua família te abandonaria por acreditar que você necessariamente portava um vírus mortal. Essa associação entre bissexualidade e IST criminaliza dois grupos diferentes: bissexuais e pessoas vivendo com HIV.

Essa frase faz mais do que simplesmente associar bissexualidade a infecções sexualmente transmissíveis, pois ela é dita, inclusive, por muitas pessoas que trabalham na área da saúde ou que estudam sobre o assunto. É mais do que dizer "pessoas bi têm doenças", é dizer que o corpo bi amplifica o contágio, que pessoas bi são irresponsáveis, sujas, libertinas e que devem ser evitadas: "leprosos" bíblicos da atualidade.

Essa crença a respeito da relação entre bissexualidade e IST se constrói muito a partir da fobia daquilo que a monossexualidade não consegue controlar: a fluidez da bissexualidade. Pessoas homossexuais e heterossexuais alimentam o medo de que que bissexuais tragam "doenças vindas do outro lado" na tentativa de controlar esta orientação sexual.

O vírus HIV e a AIDS estão para bissexuais como a covid-19 está para pessoas asiáticas no Ocidente: não importa quantas provas científicas surjam contra a ideia de um "vilão" que "criou" a doença, parte da sociedade ainda vai querer se manter em estado de negação, porque se revoltar contra uma população que já sofre xenofobia parece mais fácil que ajudar a diminuir os males da enfermidade.

4.18. Bissexuais não precisam sair do armário

Muitas pessoas têm a impressão de que bissexuais, por se relacionarem com pessoas de outros gêneros, não precisariam "sair do armário". Poderiam estar no mundo sem precisar falar sobre sua sexualidade, deixando que a sociedade os lesse como bem quisesse. Sabemos que, por causa da heterossexualidade compulsória, isso significa que seriam lidos como heterossexuais.

Existe a impressão de que a possibilidade de ser lido como heterossexual seria um privilégio. A única letra da sigla LGBTQIA+ capaz de esconder-se em plena luz do dia.

Porém, o armário bissexual existe e é especificamente complexo. Enquanto gays e lésbicas costumam narrar a saída do armário como um só evento que definirá o resto de suas vidas de maneira linear, bissexuais costumam se queixar da imprevisibilidade do "armário bi", tendo em vista que não é possível "sair" dele de uma vez por todas.

Em razão da noção binária que a sociedade tem sobre sexualidades, e a partir do costume monossexual de deduzir a sexualidade de alguém de acordo com parceiro com que a pessoa está se relacionando, bissexuais precisam se reassumir todos os dias.

Se uma mulher bissexual está hoje namorando um homem, não "precisaria" se assumir, pois é "hétero", mas se está namorando uma mulher, precisa. E vai lidar com o questionamento: será que você não é lésbica, na verdade?

Dizer que bissexuais não precisam sair do armário é concluir que existe alguma aceitação social da bissexualidade, mas isso não é verdade. Não há nenhuma normalização social a respeito da possibilidade de se atrair por mais de um gênero, pelo contrário.

Mais ainda: não há qualquer privilégio em esconder quem se é para ser aceito. E não se trata de esconder "parte de si", pois a sexualidade é algo por inteiro. Da mesma forma que não podemos fracionar a bissexualidade para dizer que é "metade hétero, metade homo", não podemos dizer que bissexuais estão "metade no armário".

A bissexualidade é uma identidade por inteiro e não a somatória de heterossexualidade e homossexualidade. Se pudéssemos representar as orientações sexuais com sorvetes, as pessoas achariam que, se a heterossexualidade é o sorvete de creme e a homossexualidade é o sorvete de chocolate, a bissexualidade seria a casquinha mista. Quando, na realidade, ela seria uma casquinha de morango ou outra casquinha, outro sorvete, um picolé, um sorvete de massa, enfim, algo inteiramente diferente e que é, em si, uma unidade e não uma somatória de sabores.

COMO AS PESSOAS ENXERGAM BISSEXUALIDADE

HETEROSSEXUAIS   HOMOSSEXUAIS   BISSEXUAIS

COMO É NA VERDADE:

HETEROSSEXUAIS   HOMOSSEXUAIS   BISSEXUAIS

Assim, quando uma pessoa bi/pan/poli se relaciona com alguém de outro gênero, ela não tem a possibilidade de apenas "deixar de falar" sobre a sua sexualidade, tanto quanto uma pessoa homossexual não tem a possibilidade de "apenas" não se relacionar com ninguém. Mostrar para o mundo apenas o que o mundo quer ler a partir do dado de com quem a pessoa bi/pan/poli se relaciona significa se esconder por inteiro.

Bissexuais não assumidos estão inteiramente no armário e isto é muito doloroso. E mais ainda: negar a bissexualidade de pessoas bissexuais à revelia do que elas declaram ou por causa do gênero de seus parceiros é forçá-las de volta ao armário.

4.19. Pansexuais são aqueles que fazem sexo com árvores

O mito de que pessoas pansexuais são aquelas que se relacionam com qualquer coisa – inclusive plantas e objetos – é surpreendentemente difundido no Brasil. Chegou a estar presente no Manual de Comunicação LGBT da UNAids de 2015, que definia pansexual como "termo polêmico que se refere a pessoas cujo desejo sexual é abrangente, podendo se dirigir inclusive a objetos" (ABGLT, 2015).

Este é um mito, que não encontra qualquer respaldo científico. Em realidade, se ser pansexual fosse sinônimo de se "relacionar com objetos", toda pessoa que sente prazer usando um brinquedo sexual como um vibrador seria pansexual, não é mesmo?

Ao que tudo indica, a lenda começou com uma entrevista do músico Serguei no programa do apresentador Jô Soares na TV Globo em 2001 (7th DIMENSION OF MUSIC, 2015).

Naquela ocasião, Serguei afirmou ser pansexual. Nessa mesma entrevista, ele contou a história de quando se masturbou na rua e ejaculou em uma árvore; o Jô respondeu: "então você comeu a árvore!" e desde então a lenda da "parafilia pan" se espalha feito erva daninha.

O próprio Serguei desmentiu a história em outra entrevista com o Jô na TV Globo em 2009 (SERGUEI, 2009). Naquela ocasião, ele disse: "eu sou bissexual e estou feliz".

Isso significa que o se reivindicar pansexual é inválido? De maneira alguma. A afirmação da bissexualidade não contrapõe a afirmação da pansexualidade, e vice-versa, pois ambos os termos têm a mesma base: se atrair por mais de um gênero.

Essa coisa de "pan curte objetos" não é a primeira nem a última associação que fazem de sexualidades plurais (que abarcam mais de um gênero) a parafilias. A ideia aqui é dizer "se gênero não é uma barreira para você, então nada é", criando no gênero uma função de eixo para todos os aspectos da vida.

4.20. Mas você nasceu homem ou mulher?

A resposta certa para essa pergunta é "não", tanto no caso de pessoas trans quanto no caso de pessoas cis.

Quando a gente nasce, uma das perguntas mais recorrentes que fazem sobre nós é: "é menino ou menina?". Nossos familiares nos uniformizam com roupas de uma determinada sessão (feminina ou masculina), furam nossas orelhas, nos colocam laços extravagantes, penteiam ou cortam nosso cabelo conforme as expectativas de gênero. Homens não nascem falando "grosso", são ensinados ainda crianças (ou seja, antes de uma possível elevação de testosterona "engrossar" a voz); mulheres não nascem com trejeitos femininos, elas choram, riem e brincam com os mesmos modos que os meninos, todo o resto é aprendido.

Ninguém nasce andando ou falando, nem mesmo ir ao banheiro sozinhos a gente sabe, então por que o gênero seria de nascença e completamente intuitivo? Se, em filmes, admitimos que um menino criado por lobos vai se comportar como lobo, por que a nossa sociedade tem dificuldade de entender que o gênero é uma construção cultural?

Embora o gênero nos seja atribuído pela sociedade desde muito cedo, nós não nascemos com ele. Assim, não faz sentido perguntar se uma pessoa trans "nasceu homem ou nasceu mulher", além de ser extremamente desrespeitoso e desnecessariamente constrangedor, por invalidar a identidade de gênero que a pessoa afirma, independentemente da classificação genital realizada no nascimento.

Precisamos normalizar a presença de pessoas trans em todos os espaços, sem direcionar-lhes perguntas que não seriam feitas a pessoas cis – a não ser que sejam perguntas com o objetivo de respeitar sua identidade.

Assim, substitua a pergunta "você nasceu homem ou mulher?" para "qual é o seu nome?" e "quais pronomes você prefere para se referir a você?"; respeite as respostas e encerre a conversa sobre esse assunto. Pessoas trans não devem explicações a ninguém.

4.21. Nossa, mas você nem parece trans

O premiado filme "Alice Júnior" (ALICE, 2019) exibe uma cena muito interessante sobre esse tipo de fala. Segue o diálogo entre o personagem Bruno e a protagonista Alice:

— *A Taísa fala mó bem de você, sabia?*
— *Ah, é?*

— *É sim, que você é mó linda. Quando eu te vi no colégio, nem imaginei que fosse trans.*
— Isso é uma coisa péssima pra se falar pra alguém trans.
— *Sério?*
— *Sério, porque tá implícito que pra eu parecer mulher eu tenho que parecer uma mulher bonita, e eu sou mulher independente de ser bonita. E afinal, o quê que é ser bonita?*

Como Alice deixou evidente, esse tipo de "elogio" vem carregado de padrões de "normalidade", padrões que determinam que um sujeito precisa ser feio para outro ser belo. São padrões que impedem a coabitação entre diferentes sujeitos, reforçando a divisão que associa cisgênero à beleza e trans à feiura. Sugere, assim, que pessoas trans são "naturalmente" feias. Aquelas que são bonitas são associadas à cisgeneridade, como exceções. Como se a beleza fosse capaz de retirar delas o peso de serem associadas à transgeneridade, como um bilhete de ouro à fábrica de chocolates.

Os corpos trans têm suas especificidades e isso deve ser celebrado. Preocupar-se em parecer com pessoas cis não deve ser mais um peso sobre as pessoas trans.

É a pressão estética, reforçada por frases como essa, que leva muitas pessoas trans a se submeterem a procedimentos estéticos perigosos, em clínicas clandestinas, que muitas vezes resultam em morte ou graves danos à saúde.

Muitas pessoas trans dizem que abraçar o "diferente" em si mesmas é a forma mais prática de elevar a autoestima, é criar um escudo refletor onde cada grito de "aberração" seja absorvido como um lembrete da potência dos corpos dissidentes. Para muitos, o segredo é pensar: "se ser eu mesmo é ser uma aberração, então talvez ser uma aberração seja algo bom, talvez a sociedade é que tenha se enganado sobre o que é bom e o que não é, talvez o meu corpo incomode não por ele ser horrendo, mas por ele expor o que a sociedade não quer ver".

4.22. Se é para se relacionar com mulheres, por que deixar de ser homem?

Essa é uma pergunta que se direciona a mulheres trans que se relacionam com mulheres. É muito importante, neste debate, saber diferenciar entre identidade de gênero e orientação sexual, pois são, de fato, diferentes. Existem mulheres trans que se relacionam com mulheres e, na cabeça de muitas pessoas, isso pode parecer contraditório. Como se essa mulher trans que gosta de mulheres tivesse escolhido o caminho mais difícil para "viver o que poderia viver enquanto homem cis heterossexual".

Porém, isso não é verdade: a identidade de gênero não está relacionada com a orientação sexual, de maneira que não é uma "escolha" para uma mulher trans "continuar sendo homem" para poder ficar com mulheres de forma confortável.

Primeiro que ela não é um homem. Ela não "virou mulher", ela é uma mulher. Segundo que tanto a identidade de gênero quanto a orientação sexual não são escolhas.

E, no fim das contas, para muitas travestis, mulheres trans e pessoas transfemininas, se identificar com as demais mulheres e se perceber como elas é parte crucial do processo de amá-las. Não há desencaixe algum em se atrair por certas mulheres e querer ser um pouco mais como elas. Várias mulheres cis (muitas até heterossexuais) constroem sua imagem e linguagem corporal com base nas mulheres que elas admiram e consideram atraentes, então por que seria diferente para travestis, mulheres trans e pessoas transfemininas?

Ninguém entra em uma mesa de cirurgia homem e sai dela mulher. Nenhuma mulher trans vai fazer uma vaginoplastia com a certeza de que ela é um homem, mas o oposto. É sobre dizer: "eu não vou mudar meu corpo para me tornar uma mulher, eu estou mudando meu corpo porque, enquanto mulher, eu mereço viver de bem com a minha autoestima".

Em outras palavras, ser mulher é um processo de se construir no mundo, tanto para mulheres cis quanto para mulheres trans e pessoas transfemininas: a única diferença é que os dois processos de construção podem pegar atalhos diferentes até se encontrarem.

4.23. É lindo, pena que não é homem de verdade

Essa frase é utilizada para separar homens trans de homens cis: homens cis seriam "homens de verdade" e homens trans "homens de mentira", como se homens trans estivessem apenas fantasiados ou disfarçados. Essa frase parte de uma visão supostamente biológica do gênero, atrelando a verdade ao órgão sexual.

No entanto, "verdade" é sobre concretude e não há nada mais concreto que os conflitos e conquistas de pessoas trans. A cicatriz da mamoplastia masculinizadora não é uma mentira, os pronomes masculinos não são uma alucinação, o sentimento de "se encontrar" ou "se perder" ao olhar no espelho é real, pois as consequências disso (sejam negativas ou positivas, seja o suicídio ou a terapia hormonal, seja a automutilação ou uma cirurgia transgenitalizadora) são reais.

Os homens trans são homens de verdade porque "gênero" é o nome que se dá a uma vivência, uma gama de experiências psicológicas e sociais. Ser um homem é viver a hombridade, de modo que só o vivente sabe o que é.

Ser trans nunca foi sobre ocultar nada, mas sim sobre transformar as coisas diante dos olhos do mundo, e não há "mentira" alguma nisso.

4.24. Posso ver fotos de quando você era homem/mulher?

Se uma pergunta sobre gênero cabe apenas a pessoas trans (nunca a pessoas cis) e ainda por cima demanda intimidade para ser respondida, ela provavelmente é uma pergunta desconfortável, uma pergunta que soa como "uau, ser trans é tão fora do comum, deveria ser uma atração de circo".

Essa pergunta coloca a curiosidade das pessoas cis acima dos sentimentos das pessoas trans, rebaixando a dignidade delas.

Pessoas com corpos e sexualidades dissidentes não são "exóticas" e merecem respeito. Uma mulher trans nunca "foi homem" e para muitas delas o período em que estiveram "no armário", experimentando desconfortos corporais e descobrindo sua identidade de gênero foi muito doloroso. Pedir que exibam isso para sanar sua curiosidade é cruel.

4.25. Tenho curiosidade de transar com uma mulher trans

O Brasil é um dos países que mais consome pornografia com pessoas trans no mundo, de acordo com o portal de pornografia RedTube (REDTUBE, 2016). Há uma imensa fetichização das pessoas trans, ou seja, é muito comum e difundido o ato de reduzir pessoas trans a meros fetiches, transformando-as em objetos erotizados, cuja função é saciar desejos – retirando, portanto, o critério de humanidade daquela pessoa.

E, na maior parte das vezes, depois de saciado o desejo, a pessoa trans é descartada – não é tratada como sujeito. Isso quando não sofre violência. Muitos são os casos de pessoas trans que são violentadas e mortas depois de encontros íntimos e relações sexuais, principalmente quando estão na prostituição. Nessas situações, saciado o desejo, resta à pessoa que fetichizou apenas a repulsa – em relação a si mesma e à pessoa trans com quem se relacionou – repulsa que é resolvida com violência.

Reduzir pessoas trans a corpos objetificados, aos quais se direcionam apenas sua curiosidade e seu desejo fugaz, é extremamente violento e desrespeitoso. Pessoas trans são pessoas.

4.26. Cuidado, é uma armadilha

Essa frase é muito utilizada para se referir a pessoas trans e sugere que seu gênero é uma enganação. Que pessoas trans estão se camuflando e dissimulando "quem realmente são" de maneira intencional, para pegar desprevenidas pessoas cis bem-intencionadas. Como se pessoas trans tivessem como objetivo maleficamente induzir pessoas cis ao erro.

Isso sugere, em seguida, que pessoas trans são erradas. São versões "incorretas" ou "falsas" daquilo que seria "verdadeiro" e "normal": ser cis. Como se o relacionamento com uma pessoa trans fosse como comprar um brinquedo em uma loja de shopping e descobrir depois que é falsificado.

No fim das contas, essa frase alimenta o imaginário de que uma pessoa trans deve sempre avisar com muita antecedência que é trans, para não "enganar" ninguém, para que as pessoas ao redor possam ter o conforto de tratá-la de maneira diferente e discriminatória desde o início. Para que fique evidente o seu "lugar" de inferioridade e todos se comportem de acordo com essa assimetria de poder.

É interessante notar que, ao mesmo tempo em que há uma imensa pressão estética para adequação de corpos trans a padrões de beleza cisgênero, a perfeita camuflagem e "passabilidade" (capacidade de parecer cis) é indesejada, é vista como uma armadilha, fechando o cerco em volta da completa não aceitação social das pessoas trans.

4.27. Pessoas trans não devem usar o mesmo banheiro que as outras pessoas

Experiências de xingamentos, violências e constrangimentos a que são submetidas pessoas trans apenas por usarem o banheiro são infelizmente muito comuns. O estranhamento sobre seus corpos, a transfobia que leva as pessoas cis a considerarem pessoas trans como menos humanas, sujas, doentes e perigosas, gera este tipo de comportamento.

Inicialmente, há uma valoração social em torno da privacidade e até de uma "sacralidade" do banheiro, onde estamos mais vulneráveis e expostos, o que torna as pessoas cis excessivamente defensivas a respeito deste espaço. A combinação desta visão sobre o espaço do banheiro com a preconcepção a respeito do "estranho", que seriam os corpos de pessoas trans, leva pessoas cis a recusarem presenças trans nesses espaços. Pessoas cis ficam inseguras de estarem vulneráveis na presença de pessoas que elas não compreendem.

No entanto, isso não justifica um comportamento discriminatório. Pessoas trans são pessoas e também merecem usar o banheiro. Não podem ser excluídas do uso do banheiro.

É comum ouvir também que "deveria existir um banheiro só para pessoas trans", como uma sugestão para "resolver o problema". Segregar pessoas trans não resolve a discriminação contra elas, apenas apazigua o incômodo das pessoas cis.

Usar o banheiro é atividade trivial da vida humana, principalmente em cidades. Berger e Luckmann, sociólogos do conhecimento, demonstram como inúmeras atividades da vida diária são tão rotineiras que se tornam não problemáticas a ponto de sequer pensarmos sobre elas (BERGER; LUCKMANN, 1992): podemos dizer que ir ao banheiro é uma delas. Sentimos vontade e vamos ao banheiro.

Esse tipo de mecanismo de transformação de atividades cotidianas em "não problemáticas" é essencial para a vida humana, para que não vivamos em um constante estado de atenção, tensão e estresse, racionalizando a respeito de cada detalhe de nossas vidas. Para que realizemos atividades triviais com tranquilidade e paz.

No entanto, se formos notar, a sociedade nega às pessoas trans que estabeleçam trivialidades – realidades não problemáticas – da mesma forma que pessoas cis estabelecem. Responder seu próprio nome. Trabalhar. Andar na rua. Agendar uma consulta médica.

Ir ao banheiro – que deveria ser uma atividade cotidiana sobre a qual não é necessário pensar passa a ser uma fonte inesgotável de estresse. Serei aceita? Serei violentada? Me deixarão entrar? Muitas vezes pessoas trans escolhem não usar banheiros públicos e passam desconforto por horas para usar o banheiro em casa e não ter que se submeter a esse tipo de situação. Todos os dias. A vida toda.

Mitos são criados e reproduzidos para sustentar um sistema de exclusão que impede todo um grupo de pessoas de exercer sua humanidade mais básica e usar o banheiro.

Como, por exemplo, o mito de que mulheres trans são na verdade homens cis disfarçados que entram em banheiros para abusar de mulheres cis. Uma história fantasiosa bastante disseminada, que se aproveita do terror do estupro para desumanizar mulheres trans e transformá-las em monstros. Vale ressaltar que não existem dados científicos ou pesquisas que corroborem a fantasia do estupro cometido por mulheres trans no banheiro feminino.

Há ainda a redução de homens trans a pessoas fragilizadas que precisam de proteção: projetam que permitir que usem o banheiro masculino não seria seguro para eles, que estariam sujeitos também ao estupro. Já ocorreu a quem fala esse tipo de coisa questionar às pessoas transmasculinas quais banheiros eles desejam usar? Se, por um lado, é verdade que pessoas transmasculinas estão sujeitas a estupros corretivos pelos mesmos frequentadores de banheiros masculinos, por outro, são pessoas que detêm agência sobre si mesmas, quando decidem individualmente no dia a dia, para além de formularem reivindicações coletivas a esse respeito politicamente.

A pessoa T pediu a sua ajuda para utilizar o banheiro? Não, né? Então deixem as pessoas trans usarem o banheiro de acordo com seu gênero! Devemos pensar em criar espaços seguros para todas as pessoas e combater a cultura do estupro sem buscar o atalho da exclusão.

4.28. Mas como você é "não-binárie" se você se veste como homem?

Essa pergunta tem muitas versões: "como você é não-binárie se você se veste como mulher?", "como você é não-binárie se usa nome e pronomes de determinado gênero?"...

A construção social binária contamina até mesmo a percepção social sobre o que seria não-binário, criando uma nova oposição (também binária): entre binários e não binários.

De acordo com essa percepção, as pessoas binárias podem se expressar de acordo com os signos e padrões da binariedade (vestir-se "como homem" ou "como mulher"), e as pessoas não-binárias precisam ser totalmente neutras, andróginas, não se utilizando de nada que se identifique com a binariedade.

No entanto, ser não-binário é romper com a interpretação social de gênero sobre as pessoas, roupas, comportamentos e outros signos a que historicamente se atribui gênero. Não significa romper, necessariamente, com as coisas, nomes e comportamentos em si. A não-binariedade recusa interpretar roupas, acessórios, cortes de cabelo, nomes, expressões humanas e corpos como um todo a partir de uma leitura que atribui a eles um gênero.

Portanto, saia não é "roupa de mulher", batom não é "coisa de mulher", calças, camisas e cortes curtos de cabelo não são "coisa de homem". Tudo pode ser usado e expresso da maneira que se bem entender.

Portanto, uma pessoa não-binária não precisa se expressar e se apresentar de maneira totalmente neutra para que sua vida seja validada pelos outros, ela pode se apresentar e usar o que quiser.

4.29. Você precisa checar seus hormônios

Assim como as demais letras da sigla, pessoas assexuais enfrentam o que chamamos de patologização. É o comportamento social que, diante de algo que é considerado um "desvio da normalidade", procura encaixá-lo em uma noção de doença. Leva-se a crer, assim, que há necessariamente algo de errado com uma pessoa que não se interessa por sexo.

O sexo, a iniciação da vida sexual e o desejo sexual são todos elementos considerados muito marcantes na vida das pessoas alossexuais, mas essa generalização exclui a absolutamente normal assexualidade.

Pessoas assexuais não são doentes. Não devem ser culpabilizadas e investigadas para curar uma suposta "frigidez". É desumano sugerir submeter uma pessoa sem qualquer doença a "tratamentos" hormonais para modificá-la contra sua vontade, para que sinta um desejo que nunca sentiu antes e que não precisa sentir, apenas para validar uma experiência social geral a respeito da importância do sexo.

Veja, transar com alguém pode até trazer alegria (momentânea), mas sentir a vontade de transar por si só não traz nada além da própria vontade, que na maioria das vezes sequer é saciada, tanto em termos de fazer sexo como em termos de fazer um sexo satisfatório. Mesmo na vida de pessoas alossexuais se brinca que muitas experiências são melhores que sexo. E não há problema algum nisso.

Não sugira a pessoas assexuais que elas devem procurar um médico. Isso não é da sua conta.

4.30. A verdade é que ninguém te comeu direito ainda

Essa frase é uma retórica com requintes de ameaça. É uma maneira de dizer que "assexualidade não existe", que é apenas um "problema" que pode ser corrigido se a pessoa for exposta ao que se considera "sexo de qualidade".

Embora essa frase nem sempre seja dita por abusadores, o objetivo dela é amedrontar pessoas assexuais para que se entreguem ao sexo – ainda que o medo surta um efeito subconsciente. Não é apenas sobre a frase em si, mas quantas vezes ela vai ser dita para uma pessoa até que essa pessoa se convença de que está doente e precisa ser "medicada", para que não precise ser "curada" com violência.

Não dá para curar o que não é enfermidade, não dá para consertar o que não está quebrado. Na verdade, a crença de que a assexualidade não existe, que é apenas um "problema" passageiro, capaz de ser curado com sexo e/ou medicamentos, impede em muitas situações que sujeitos assexuais acessem direitos ligados à saúde. A medicina em grande parte trata o sexo como um padrão homogêneo às pessoas adultas, muitas vezes delimitando tratamentos e procedimentos de acordo com a atividade sexual do indivíduo.

Assim, é extremamente desrespeitoso e violento sugerir que uma pessoa assexual possa ser "curada" por uma experiência que ela não deseja. Se a pessoa assexual não tem aflições com o fato de não ter desejo sexual (senão aquelas decorrentes de como a sociedade julga isso), então ela não tem um problema, entende? Assim, é uma desumanidade que sugere o estupro como caminho para "consertar" alguém.

4.31. Foi só uma brincadeira

Essa é a principal frase dita por quem falou alguma coisa parecida com essas frases anteriores e foi chamado à atenção. É um mecanismo de defesa muito comum quando somos cobrados ou temos algum erro apontado. Tentamos retirar do ato a carga de intenção de ferir. Dizer que foi "apenas uma brincadeira" tem objetivo de atribuir artificialmente ao ato uma "leveza" que o tornaria imediata e automaticamente escusável.

Dizer que é "brincadeira" tem intenção de deslocar o eixo de foco dos sentimentos de quem se ofendeu para a suposta ausência de intenção maldosa de quem proferiu a ofensa. Nesse sentido, qualquer coisa pode ser dita se for "só uma brincadeira". Os sentimentos de quem recebe as brincadeiras e piadas ficam eternamente relegados ao segundo plano. A liberdade de brincar sem freios, sem pensar, sem considerar os sentimentos das outras pessoas, vira uma panaceia.

Se "brincadeiras" e comentários que objetivam deixar outras pessoas desconfortáveis são a principal forma de comunicação e expressão de alguém, talvez toda a forma dessa pessoa se relacionar precisa ser revista, seja com pessoas LGBTQIA+ ou não.

Também não vale se defender com frases como "se fosse o contrário, eu não ficaria chateado". Esse tipo de frase sugere falsas simetrias. Quando preconceitos LGBTfóbicos são apontados, estamos falando de frases que reproduzem uma estrutura excludente muito maior que apenas aqueles indivíduos ou aquela frase. É evidente que você não ficaria chateado. Você não é excluído, humilhado e exposto a uma estrutura que nega sua existência diariamente.

É também muito comum que quando temos erros apontados recorramos a pessoas que se parecem conosco ou que pensam parecido para buscar validação. "Será que eu errei mesmo?". E quando conseguimos validação, nos sentimos injustiçados por quem apontou nosso erro, reforçamos o sentimento de que quem nos chamou atenção está sendo exagerado. Porém, esse não é o melhor caminho. Na verdade, é esperado que pessoas que se pareçam conosco e pensem de maneira parecida com a gente validem nossos pensamentos, principalmente quando fazemos parte de algum grupo socialmente dominante. Isso é chamado de pacto narcísico (BENTO, 2002).

É difícil assumir que se está sendo LGBTfóbico. Aciona diversos gatilhos de defesa. Sabemos que em razão das conquistas de espaço e direitos pela população LGBTQIA+, ser LGBTfóbico carrega uma carga negativa, é visto com maus olhos, pode ser visto como uma falha de caráter. E não queremos ser malvistos, certo?

Então, vamos fazer um exercício e por um momento assumir: cometi um ato de LGBTfobia, falei uma frase LGBTfóbica, machuquei alguém. Além da péssima sensação de ter falhado, aquele ego ferido – que é algo que queremos desesperadamente evitar –, o que mais ocorreu com você ao assumir isso?

Pense com calma, busque seus sentimentos. Provavelmente você vai concluir que não aconteceu nada. Se houve alguma repercussão concreta, por exemplo, em seu grupo de amigos, família ou local de trabalho, a persistência no erro ou continuará a ferir quem foi ofendido – em um processo de revitimização –, ou vai piorar a situação.

Assuma o que disse e procure melhorar. E não basta dizer que sente muito "se ofendeu alguém". Pois não se trata mais de uma condição, mas de um fato. Deixe o ego de lado. Como vimos ao longo deste livro, há muito pelo que lutar para que seu ego não seja um peso que o impeça de viajar por nossa Galáxia. A bagagem tem que ser leve, se não a gravidade te puxa para baixo.

4.32. O mundo está muito chato

Pensar e repensar sobre coisas que aprendemos e reproduzimos durante nossa vida, muitas delas de maneira inconsciente, dá mesmo muito trabalho. Demanda esforço. Nos empurra para fora da "zona de conforto" para questionar, mudar e transformar. E isso é incômodo.

Mais ainda quando nos descobrimos errados sobre muitas coisas. Mexe no ego. Mexe na noção que temos de nós mesmos. Nos obriga a olhar no espelho, a julgar nossas próprias ações e pensamentos, a nos policiar, a calar e ouvir, a pedir desculpas. Todas essas atitudes nos colocam em posições desconfortáveis de vulnerabilidade – algo que socialmente é reconhecido como fraqueza.

Porém, faz parte do exercício de empatia do aliado que se propõe a construir um mundo melhor para todas as pessoas perceber as dores dos outros e dar espaço a elas. Uma primeira viagem a essa Galáxia pode dar a impressão de que "o mundo está muito chato" e que "não se pode falar mais nada", ou que "tudo agora é ofensivo", ou mesmo que "as pessoas estão muito sensíveis, antes não era assim".

É importante entender que todas essas frases na verdade querem dizer que "agora sou obrigado a prestar atenção a todas essas coisas que antes eu tinha o privilégio de ignorar" ou ainda que "me recuso a me compadecer de uma dor que não é minha, prefiro permanecer egoísta".

E que esses significados não são aceitáveis.

Mesmo quando não estamos falando de violências físicas e morte, as piadas, as violências simbólicas e os apagamentos não são fatos isolados. Podem parecer apenas uma frase aqui, outra ali, mas devemos lembrar que são frases, atitudes e exclusões que se repetem diariamente, como uma "chuva constante" que cansa e adoece (DOMÍNGUEZ

RUIZ, 2017), física e mentalmente, afetando profundamente a vida das pessoas e repercutindo em situações concretas.

A repetição de preconceitos falados reforça o imaginário popular que os criou, dando segurança e legitimidade para sua manutenção. Estamos todas as pessoas juntas nesse mundo, e para as pessoas LGBTQIA+ ele está "chato" – ou na verdade doloroso e excludente – há tempo demais.

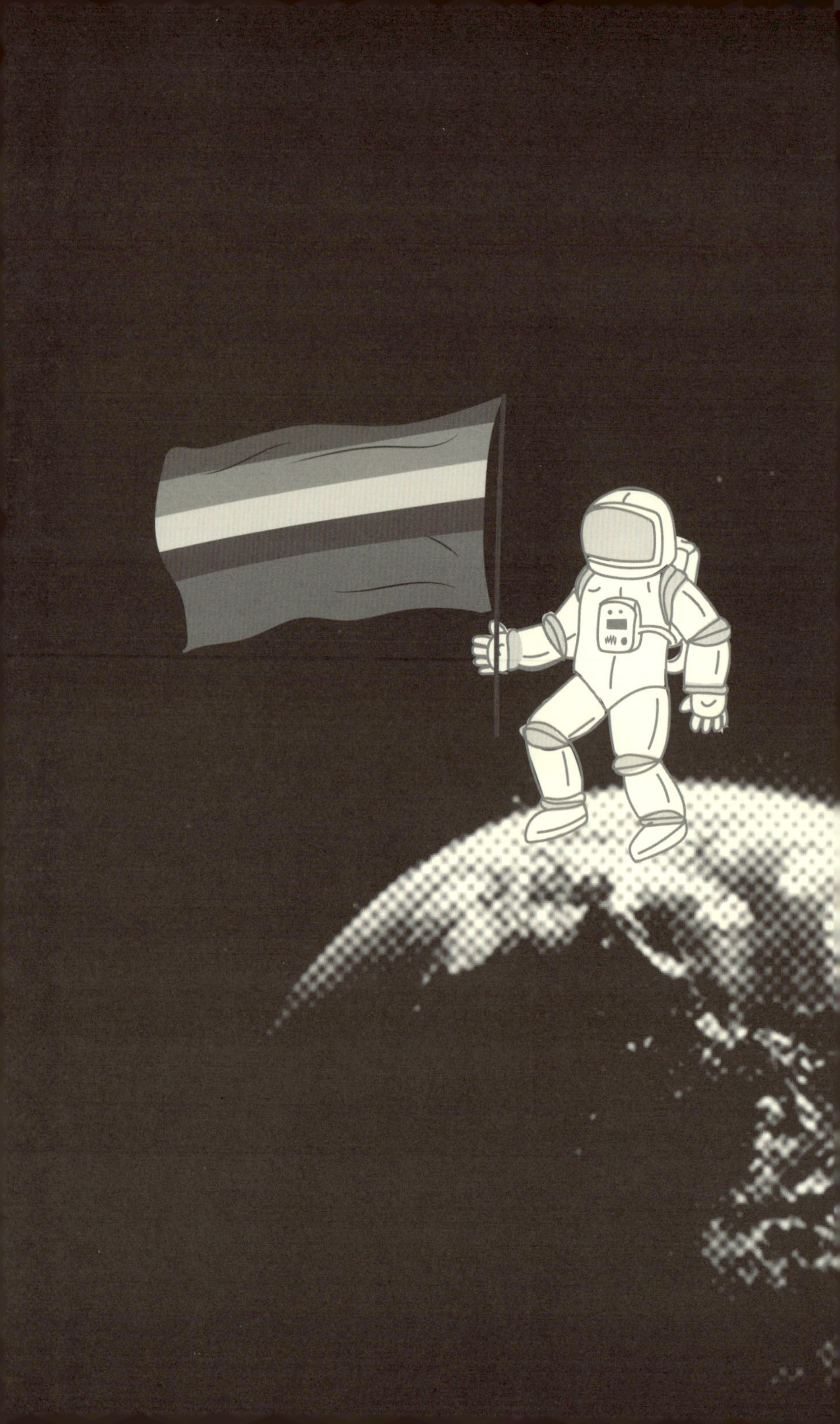

Referências

ABGLT. **Manual de Comunicação LGBT**. 2015. Disponível em: https://unaids.org.br/wp-content/uploads/2015/09/Manual-de-Comunica%C3%A7%C3%A3o-LGBT.pdf. Acesso em: 17 out. 2020.

ALICE Junior. Direção: Gil Baroni. Produção de Gil Baroni e Andréa Tomeleri. Brasil: Olhar Distribuição, 2019. Disponível em netflix.com.br.

BAERE, Felipe de; ZANELLO, Valeska. O gênero no comportamento suicida: Uma leitura epidemiológica dos dados do Distrito Federal. **Estud. Psicol.**, Natal, v. 23, n. 2, p. 168-178, jun. 2018. Disponível em http://pepsic.bvsalud.org/scielo.php?script=sci_arttext&pid=S1413-294X2018000200008&lng=pt&nrm=iso. Acesso em: 11 mar. 2021.

BENTO, Maria Aparecida Silva. Branquitude: O lado oculto do discurso sobre o negro. **Psicologia social do racismo** – estudos sobre branquitude e branqueamento no Brasil. Petrópolis, RJ: Vozes, 2002.

BERGER, P. L.; LUCKMANN, T. Cap. I: Os Fundamentos do Conhecimento na Vida Cotidiana. In: BERGER, P. L.; LUCKMANN, T. **A construção social da realidade**: tratado de sociologia do conhecimento. 19 ed. Petrópolis, RJ: Vozes, 2000.

BUTLER, Judith. **Problemas de gênero**. Rio de Janeiro: Civilização Brasileira, 2003.

CARPENTER, Morgan. The "Normalization" of Intersex Bodies and "Othering" of Intersex Identities in Australia. **Bioethical Inquiry**, n. 15, 2018, p. 487-495.

DEMITINDO preconceitos. Por que as empresas precisam sair do armário. **Santo Caos**, 2015. Disponível em: https://estudos.santocaos.com.br/demitindopreconceitos/. Acesso em: 19 fev. 2021.

DOMÍNGUEZ RUIZ, Ignacio Elpidio. **Bifobia**: Etnografía de la bisexualidad en el activismo LGTB. Barcelona/Madrid: Editorial Egales, 2017.

FERREIRA, Lola. Por que mulheres tentam mais e homens são as principais vítimas de suicídio? **Gênero e número**, 2019. Disponível em: http://www.generonumero.media/suicidio-violencia-autoprovocada-homens-mulheres/. Acesso em: 11 mar. 2021.

GREENBERG, Julie A. Defining male and female: Intersexuality and the collision between law and biology. **Arizona Law Review**, n. 41, 1999.

HETEROSSEXUAL. In: **Aurélio**. Dicionário online de português. Disponível em: https://www.dicio.com.br/heterossexual/. Acesso em: 21 mar 2021.

HUGHES, Ieuan A., et al. Consensus statement on management of intersex disorders. **Archives of Disease in Childhood**, v. 7, n. 91, 2006.

KIMMEL, Michael Scott. A produção simultânea de masculinidades hegemônicas e subalternas. **Horizontes antropológicos**, Porto Alegre, v. 4, n. 9, p. 103-117, out. 1998.

LAQUEUR, Thomas Walter. **Making Sex**: Body and Gender From the Greeks to Freud. E-book. Cambridge, Mass: Harvard University Press, 1992.

NAGARI, Nick Thomás. Guia básico da não-binariedade. **Nick Nagari** (Medium Brasil), 2020. Disponível em: https://medium.com/@nicknagari/guia-b%C3%A1sico-da-n%C3%A3o-binariedade-97de1d9bc84d. Acesso em: 09 mar 2021.

OLIVEIRA, José Marcelo Domingos de (Org). **Mortes violentas de LGBT+ no Brasil – 2019**: Relatório do Grupo Gay da Bahia. 1ª ed. Salvador: Editora Grupo Gay da Bahia, 2020.

PINTO, Isabella Vitral *et al*. Perfil das notificações de violências em lésbicas, gays, bissexuais, travestis e transexuais registradas no Sistema de Informação de Agravos de Notificação, Brasil, 2015 a 2017. **Rev. bras. epidemiol.**, Rio de Janeiro, v. 23, supl. 1, e200006.SUPL.1, 2020. Disponível em: http://www.scielo.br/scielo.php?script=sci_arttext&pid=S1415-790X2020000200404&lng=en&nrm=iso. Acesso em: 21 mar. 2021.

REDTUBE & Brazil. **Pornhub Insights**, 2016. Disponível em: https://www.pornhub.com/insights/redtube-brazil. Acesso em: 21 mar 2021.

REIS, Elizabeth. **Bodies in doubt**: An American history of intersex. Baltimore: Johns Hopkins University Press, 2012.

SECRETARIA DE DIREITOS HUMANOS, 2014. Resolução 11, de 18 de dezembro de 2014.

SERGUEI. Cantor Serguei lança novo disco. Entrevista concedida a Jô Soares. **Globo**, 2009. Disponível em: https://globoplay.globo.com/v/1107865/. Acesso em: 29 mar 2021.

7th DIMENSION OF MUSIC. Serguei Entrevista na Globo 2001 (Único vídeo no Youtube). 22min42seg. Disponível em: https://www.youtube.com/watch?v=Jv5W4h1jHdE. Upload em: 29 maio 2015. Acesso em: 11 abr. 2021.

SILVA, Vitória Régia da. No Brasil, 6 mulheres lésbicas são estupradas por dia. **Gênero e Número**, 2019. Disponível em: http://www.generonumero.media/no-brasil-6-mulheres-lesbicas-sao-estupradas-por-dia/. Acesso em: 22 fev. 2021.

SOUZA, Luísa. Algumas reflexões sobre a cisnormatividade. **Luísa Souza** (Medium Brasil), 2020. Disponível em: https://luisa29.medium.com/algumas-reflex%C3%B5es-sobre-a--cisnormatividade-28df67cae59e. Acesso em: 21 mar. 2021.

TRANSGENDER EUROPE. **TMM Update – Trans Day of Remembrance 2019**. 2019. Disponível em: https://transrespect.org/wp-content/uploads/2019/11/TvT_TMM_TDoR2019_SimpleTable.pdf. Acesso em: 22 fev. 2021.

VIEIRA, Bárbara Muniz. Justiça de SP torna obrigatória a inclusão de identidade de gênero e orientação sexual em boletins de ocorrência no estado. **G1**, São Paulo, 29 de jan. de 2021. Disponível em: https://g1.globo.com/sp/sao-paulo/noticia/2021/01/29/justica-de-sp-torna-obrigatoria-a-inclusao-de-identidade-de-genero-e-orientacao-sexual-em-boletins-de-ocorrencia-no-estado.ghtml. Acesso em: 11 mar. 2021.

YOSHINO, Kenji. The Epistemic Contract of Bisexual Erasure. **Stanford Law Review**, v. 52, n. 2, p. 353-461, 2000. Disponível em: www.jstor.org/stable/1229482. Acesso em: 15 jul. 2019.